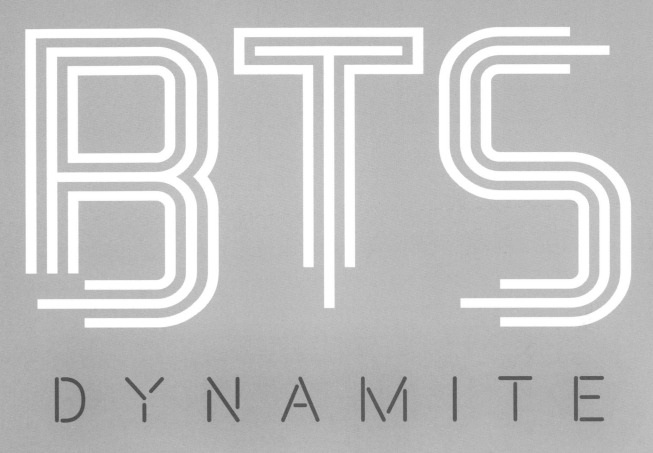

BTS

DYNAMITE

防彈少年團榮光之路

卡洛琳·麥克休
(Carolyn McHugh)

曾慧敏 譯

三悅文化

CONTENTS

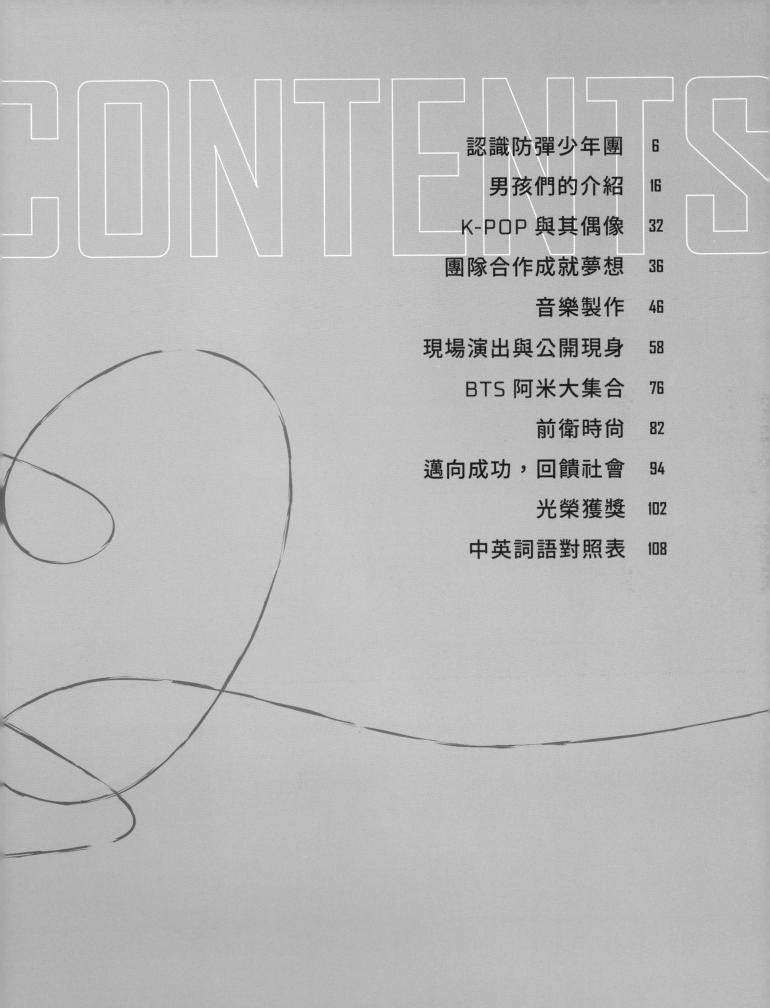

從六十多年前搖滾音樂在美國誕生之後，西方流行音樂的世界霸主地位，有史以來頭一次受到外來的挑戰。引領這股風潮的正是七位閃亮的韓國巨星，他們就是來自韓國流行音樂界，最傑出的 BTS 防彈少年團──全世界票房收入最高的少年樂團。

就在短短的幾年之間，防彈少年團的巨星們：RM、SUGA、J-Hope、Jin、Jimin、V 和 Jungkook ──憑藉著他們在韓國本地所受到的熱烈歡迎，以非凡的魅力快速地席捲了全球。直到今日，他們所推出的商品，已經在超過 65 個國家／地區進行販售，而且曾在美國《告示牌》的 Social50 排行榜上，位居榜首長達 114 週，並完成了美國體育場的巡迴表演，後續的世界巡迴演唱會更是門票銷售一空。他們也是第一個在美國葛萊美獎頒獎典禮上受邀演出，並且多次獲得提名的韓國樂團。2019 年，防彈少年團由《時代》雜誌評選為最具影響力的人物之一。

很多人將他們跟著名的披頭四樂團相提並論，因為 BTS 是繼 60 年代的偶像團體披頭四之後，第一支在不到一年的時間內，就獲得三張專輯排行榜榜首*的樂團。同樣地，他們也擁有令人難以置信的大量忠實粉絲群。

＊三張專輯分別是：
Love Yourself: Tear（2018/05/18）／ Love Yourself: Answer（2018/08/24）
Map of the Soul: Persona（2019/04/12）

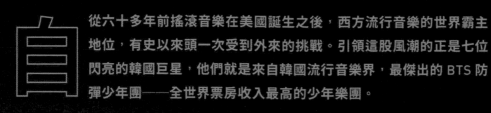

2018 年 5 月 20 日於內華達州拉斯維加斯的米高梅大酒店花園體育館，BTS 在當地舉行的 2018 年美國《告示牌》音樂獎頒獎典禮上登台演出。

6

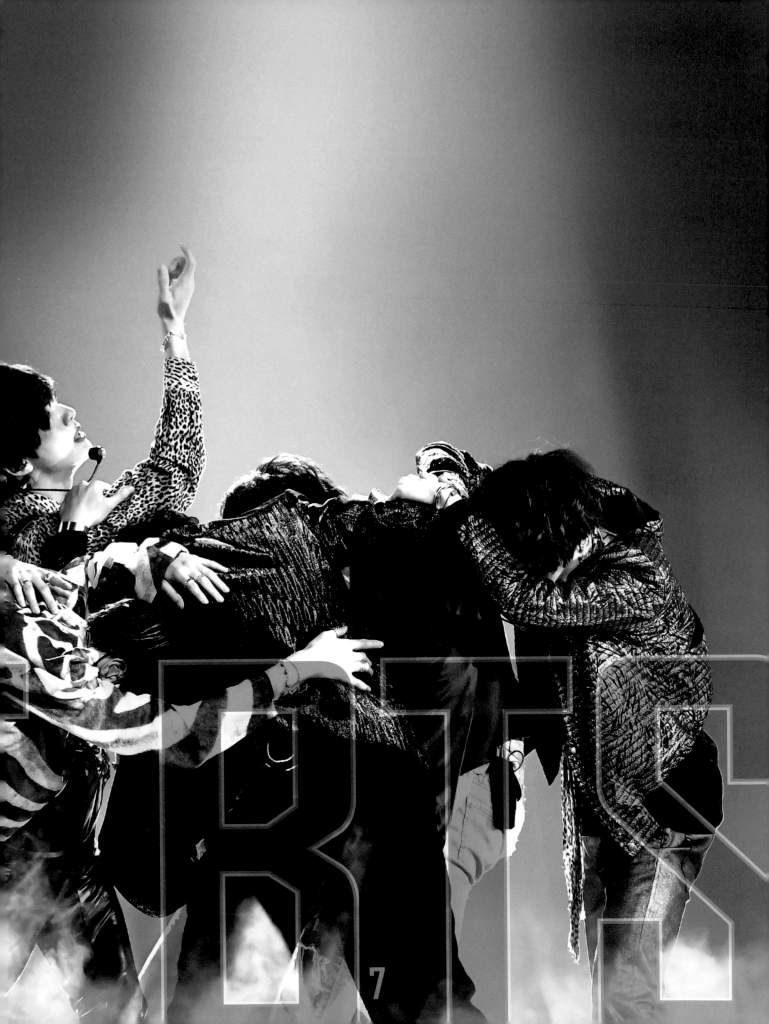

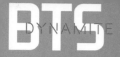

BTS 這個樂團名稱，來自韓語的單字：Bangtan Sonyeondan，也就是中文樂團名的「防彈少年團」。BTS 的成員們選擇這個團名，來體現他們期望自己能夠達成「消除時代偏見、無謂批判跟過度期望」的目標，這些負面的立場可能會「像子彈一樣」壓制青少年與年輕人們。

許多由他們自主創作的歌曲，都環繞著這個核心主題——如何幫助年輕人抵禦現代社會裡，那些可能對他們心理健康造成影響的壓力與難題。

2017 年 7 月之後，BTS 替他們的團名賦予了一層新的意義：「Beyond The Scene」（超越現狀），以反映他們的粉絲們正在努力向前邁進，克服他們所面臨的現實困難。

但是千萬不要誤會，認爲他們的音樂屬於痛苦悲傷或自怨自艾的靡靡之音。恰恰相反，男孩們希望他們的音樂能夠振奮人心，並且帶給人們更多的能量與自信。他們在音樂中加入了 RAP、HIP HOP、流行音樂與電子舞曲的元素，現在更添加了許多動作靈巧、節奏緊湊、講究細節的舞蹈藝術。看一眼 BTS 的表演影片，你馬上就能瞭解他們爲什麼已經令人無法忽視，並且具有足以改變世界的影響力。

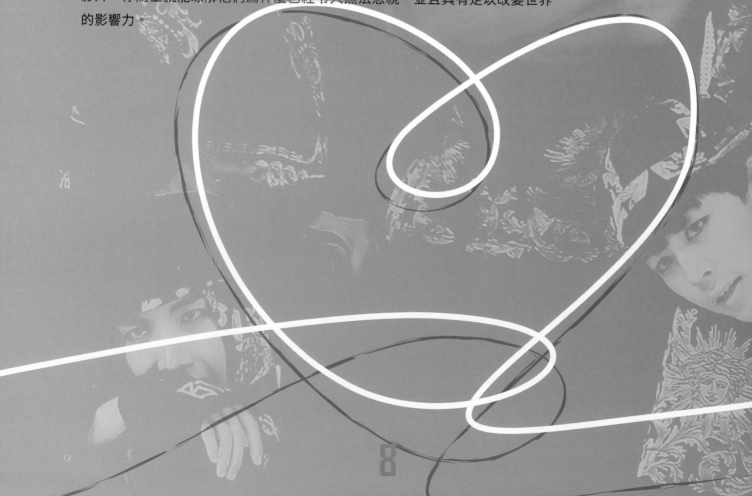

BTS成員的生日與星座

RM 1994年9月12日 處女座
使他靈活聰明、一絲不苟、謙虛內斂

SUGA 1993年3月9日 雙魚座
使他具有天馬行空的想像力，富有同情心與愛心

J-Hope 1994年2月18日 雙魚座
使他具有天馬行空的想像力，富有同情心與愛心

Jin 1992年12月4日 射手座
使他心態樂觀、慷慨大方、頑皮幽默

Jimin 1995年10月13日 天秤座
使他帶著藝術天賦、公平決斷，並且善於交際

V 1995年12月30日 摩羯座
使他忠於承諾、認真負責、嚴肅看待事物

Jungkook 1997年9月1日 處女座
使他靈活聰明、一絲不苟、謙虛內斂

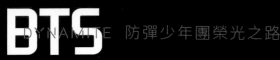

身爲防彈少年團的好朋友，同時也是獲得葛萊美獎提名的著名歌手／詞曲作家海爾希，將他們描述爲「不但外表光鮮亮麗，而且演出具有專業水準，還能連續數小時笑聲連連、團員們不斷彼此進行秘密握手，以及互相交換精心準備的禮物，他們的舉手投足都在向周圍的人表明，隱藏在這場引人注目又精心打扮的活動背後，只是一群單純熱愛音樂的人，包括團員彼此以及他們的歌迷。」

這群大男孩們更積極地參與許多慈善機構的活動，並且成爲他們眾多粉絲的最佳榜樣。

「我們懷抱著共同的夢想，慢慢地走在一起，努力創作、跳舞跟製作足以反映我們音樂背景的歌曲，並且讓這些歌訴說我們心中抱持的人生價值觀，也就是包容他人、坦承脆弱和希望成功」。隊長 RM 在 2017 年接受《時代》雜誌採訪時如此表示。

防彈少年團之所以能夠從韓國流行音樂界的眾多競爭者中脫穎而出，不僅僅靠著自己編寫與創作的素材，還有具備社會意識的歌詞，而且他們會建立與管理自己的社群媒體帳號，專注於專輯的發行，而非僅限於單曲的製作，並且樂意公開地與粉絲們談論他們在生活中所面臨的艱苦奮鬥歷程。

這一切的努力結合在一起，賦予了他們難以置信的魅力，加速奠立他們在西方主流音樂中不可撼動的地位。

 2017年11月19日，在洛杉磯微軟劇院舉行的 2017年全美音樂獎頒獎典禮上，防彈少年團在舞台上表演了〈DNA〉這首新歌。

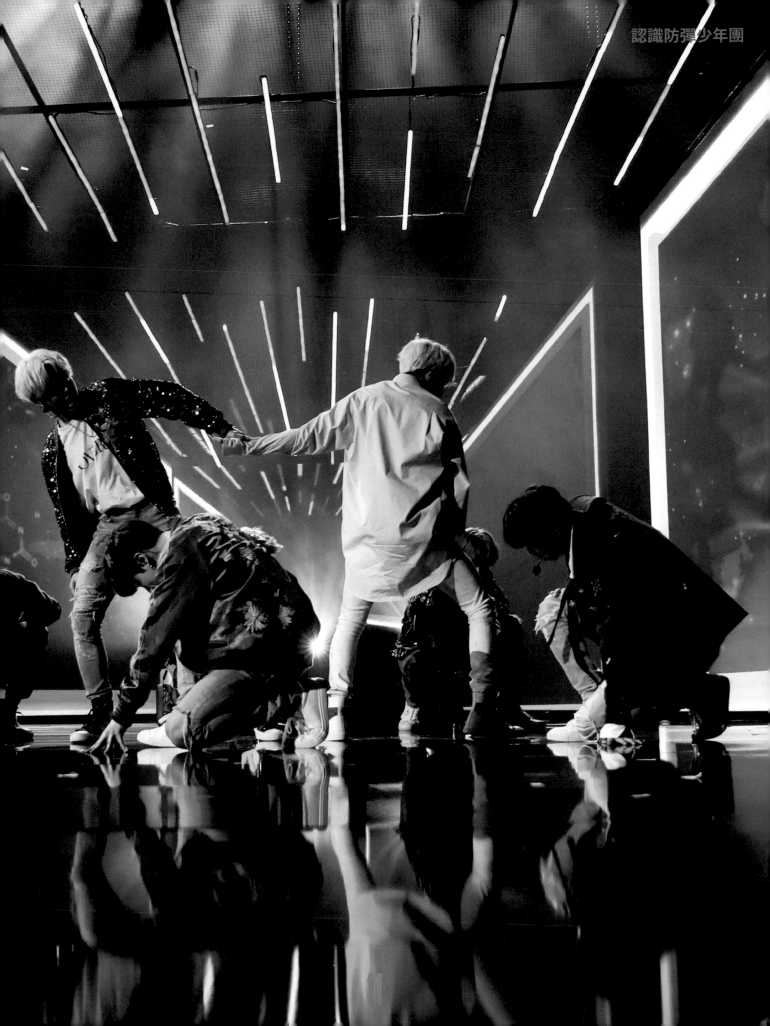

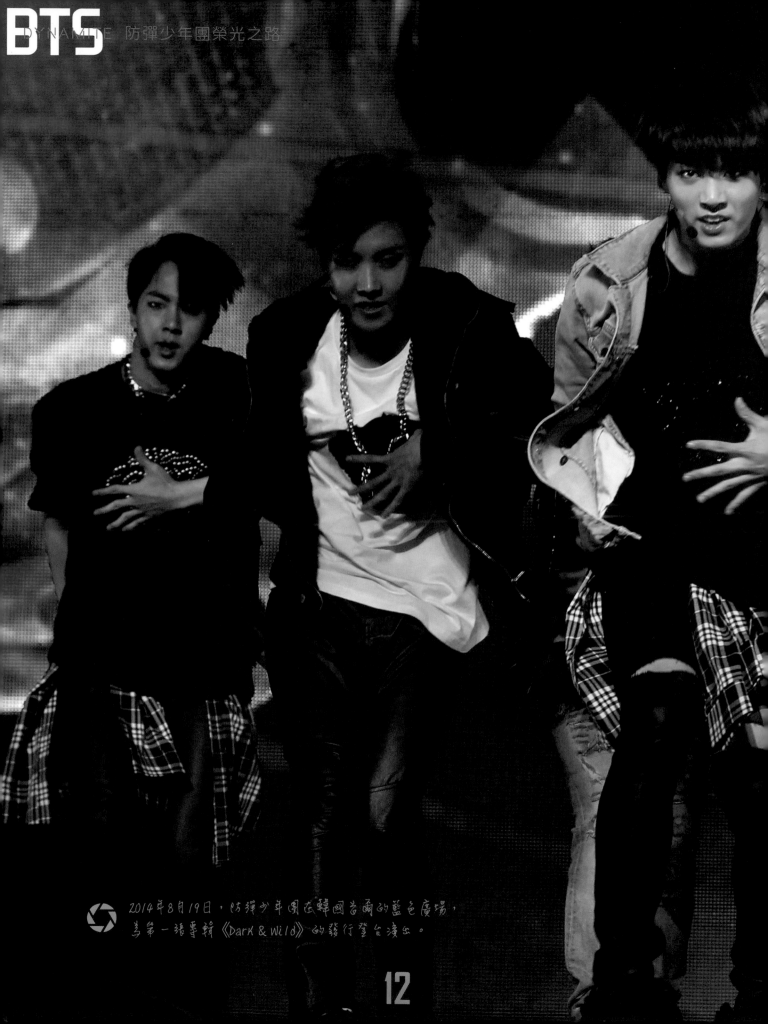

2014年8月19日，防彈少年團在韓國首爾的藍色廣場，
為第一張專輯《Dark & Wild》的發行登台演出。

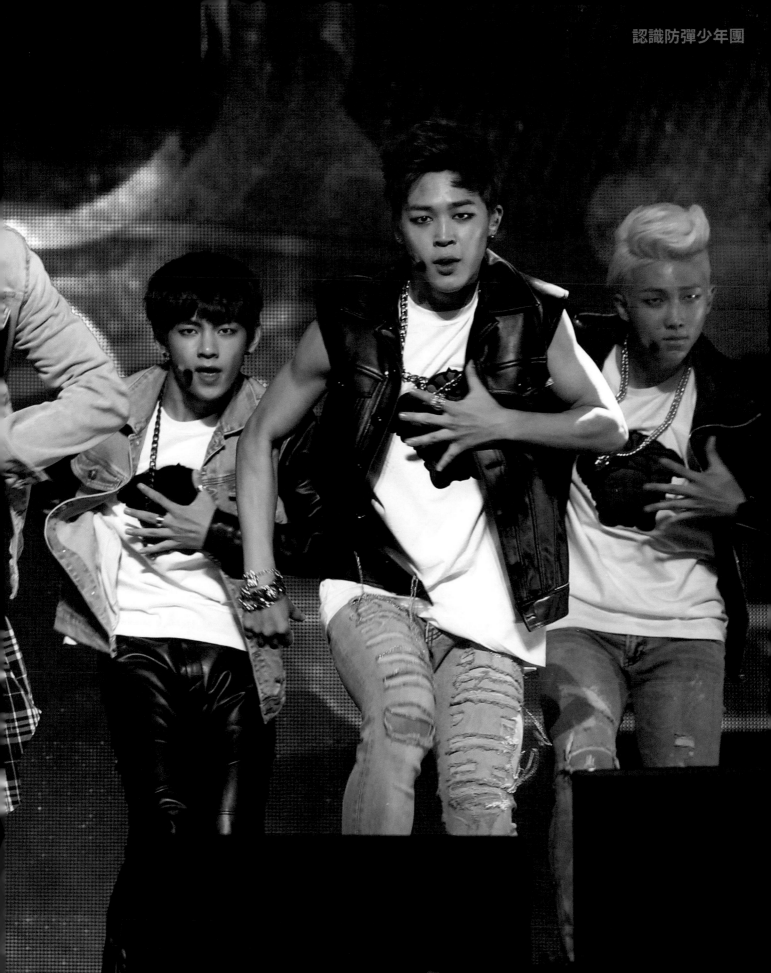

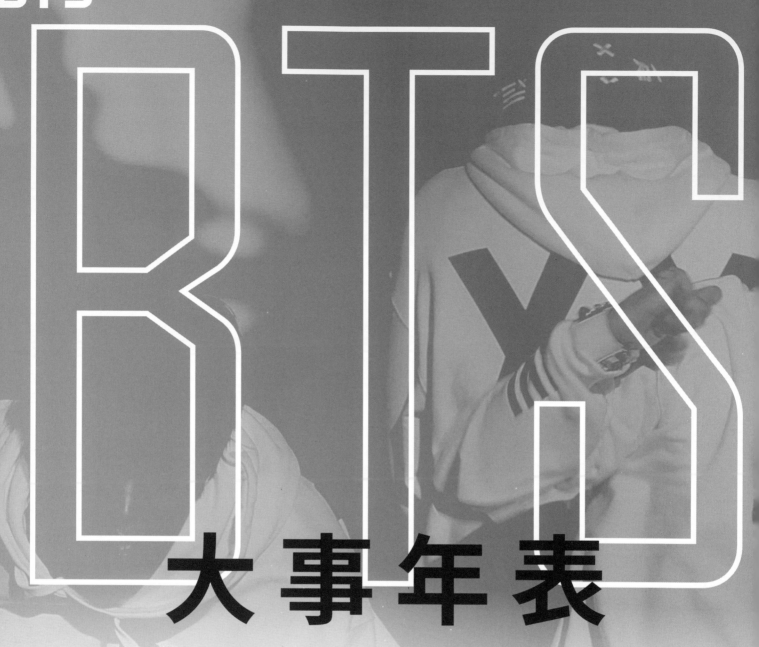

BTS 大事年表

2012 年
開通專屬的
推特帳號，
開始與粉絲們
進行交流

2013 年
發行
首支單曲
〈No More
Dream〉

2014 年
《Skool luv Affair》
專輯發行
主打歌為
〈Boy In Lov〉，
是以愛情為主題
來為青少年發聲。

2015 年
自防彈少年團
首次登台表演以來，
〈I need U〉這首歌
讓他們贏得了首座
音樂節目的冠軍—
韓國SBS MTV的
「The show」。

2016 年
藉著〈Young Forever〉
這首歌，防彈少年團
第一次獲得了甜瓜音樂獎
的年度專輯獎。

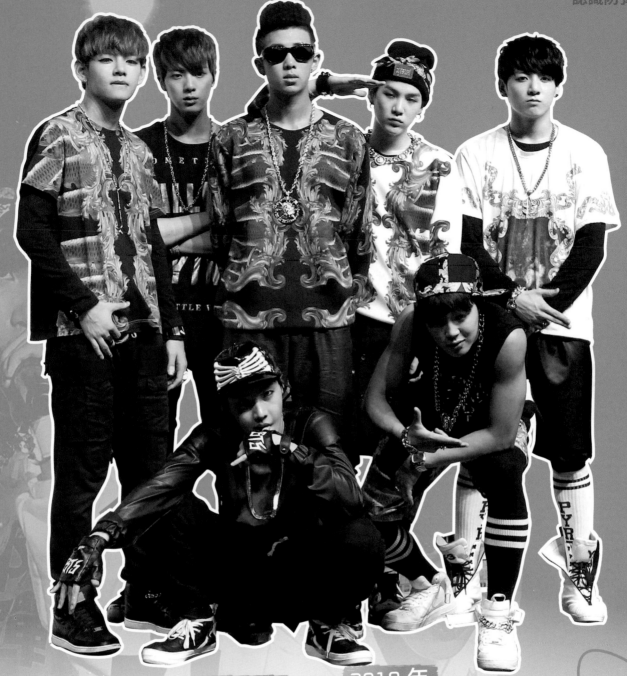

2017 年

防彈少年團成為首支獲得《告示牌》音樂獎的韓國樂團，擊敗了包括小賈斯汀和席琳娜‧戈梅茲等強勁的對手，成為「最佳社群媒體藝人」。

2018 年

BTS 以《Love Yourself 轉'Tear'》這張專輯，榮登美國《告示牌》兩百大專輯排行榜榜首──這是有史以來第一張登上美國排行榜冠軍的韓團專輯。他們並與聯合國兒童基金會合作發起「LOVE MYSELF」活動，以結束對兒童的暴力行為。

2019 年

首次於美國葛萊美獎頒獎典禮亮相，向知名藝人 H.E.R頒發最佳節奏藍調專輯獎。

2020 年

紅極一時的《Dynamite》──防彈少年團的第一首英文單曲，在美國《告示牌》百大單曲榜上排名第一，並且在英國也同時拿下冠軍。

同年防彈少年團首次獲得葛萊美獎提名最佳流行團體／組合獎。

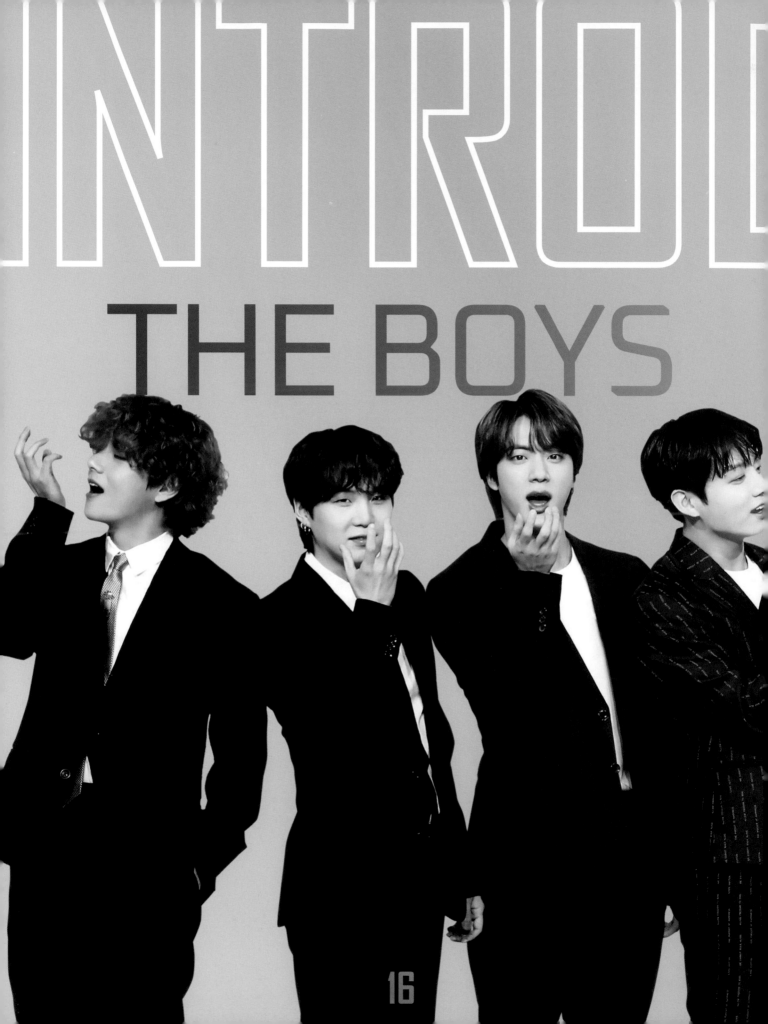

NTROD
THE BOYS

接著讓我們介紹一下防彈少年團的七位超級巨星。這是一個才華洋溢的七人團體，他們不但一起生活與工作，而且共同編寫跟製作大部分的音樂作品。他們認爲彼此的關係就像「要好的朋友、商業的夥伴，以及親密的室友」。

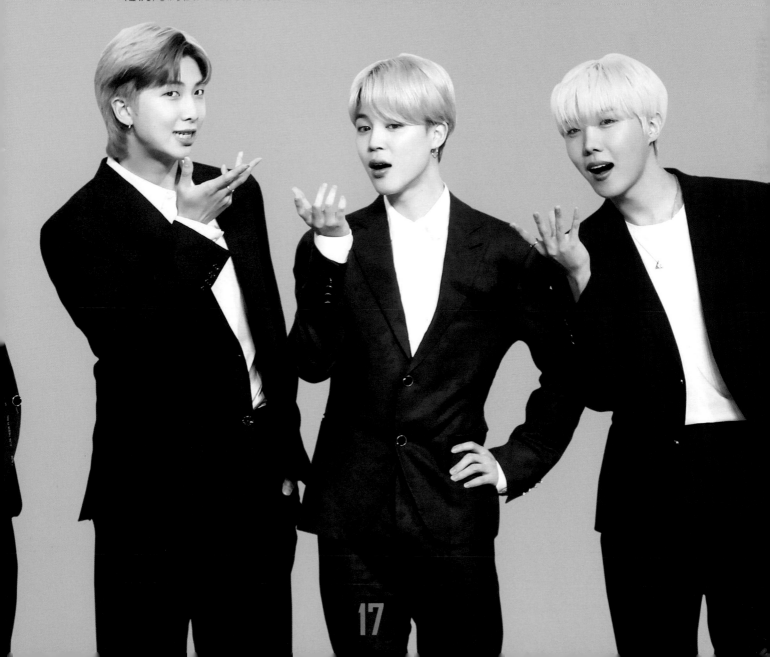

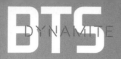

BTS 的隊長與說唱歌手

RM 是這群大男孩的領袖，基本上這整個團隊可說是圍繞著他而建立，而且因為他的英文最為流利，通常在接受採訪與公開露面時，他都是團隊的主要發言人。

RM 本名**金南俊**，1994 年 9 月 12 日出生於南韓，與妹妹一起居住在高陽市一山區，距離首都首爾只有不到 20 英哩。

著名的美國情景喜劇六人行，就是 RM 發展出傲人英語口說能力的最佳老師。他媽媽幫他買了一套完整的電視影集，他很努力地看完了全部十季的劇情內容，第一次先是看韓語字幕學習，然後換成看英語字幕，最後完全沒有字幕的協助，用這樣的方式不斷進步。

RM 對於嘻哈音樂跟饒舌歌曲的興趣，大約啟發於 11 歲左右——韓國知名嘻哈團體 Epik High 跟美國饒舌歌手阿姆，都對他產生了極大的影響。十幾歲的時候，他開始在當地的業餘嘻哈圈裡表演，並且試著錄製自己的音樂作品合輯。當時他對外使用 Runch Randa 這個藝名。隨著 RM 在韓國地下嘻哈界變得越來越活躍，他開始受到眾人的注目，最終讓 Big Hit 娛樂的執行長房時爀注意到這位未來之星，在 2010 年時，房時爀邀請他加入 Big Hit 娛樂，成為一名新生代偶像練習生，當時 RM 才只有 16 歲。透過跟名製作人姜孝元合作，房時爀萌生了一個創新的想法，希望環繞著 RM 為中心，籌組一個嘻哈音樂團體，而這個想法最終促成了偶像團體 BTS 的誕生。

當他還只是一位練習生時，RM 使用的是由工作人員為他所創造的藝名 Rap Monster。但是現在他更喜歡使用縮寫「RM」，因為他認為「Rap Monster」已經不能反映他是誰，或是他所創作的音樂型態。正如他在採訪中所分享的理念，「RM 這個縮寫可以代表很多事物，它的含義有更多的可能性」，包括「真實的自我」（Real Me）。

RM 以及另外兩位 BTS 成員，SUGA 跟舞者 J-Hope，一起接受了三年的訓練。他在完全沒有任何舞蹈經驗的情況下開始受訓，並且不斷努力改善他的舞蹈動作。他的歌聲被認為比較接近男中音的音域，這也意味著他的聲音不但渾厚有力，而且帶著陽剛的氣息。當團隊在錄音室裡錄音時，他的領導地位就變得特別明顯，因為團隊大部分的歌曲都是由他參與編寫和製作。

在 Big Hit 娛樂受訓的那段時間，RM 還為女子團體 GLAM 編寫了一首明確支持 LGBTQ 的歌曲：「Party（XXO）」，這也是她們的首支單曲。這首歌被美國《告示牌》雜誌稱讚為「過去十年 K-POP 的女子團體所推出最具前瞻性的歌曲之一」。

目前上市的所有 BTS 專輯，很多大受歡迎的歌曲都是由 RM 親自編寫歌詞。另外，多張專輯的第一首介紹曲，都可以見到 RM 充滿魅力的 RAP 演出，例如《O! R U L8, 2?》Intro: O! R U L8, 2?；Map of the Soul: Persona Intro: Persona。

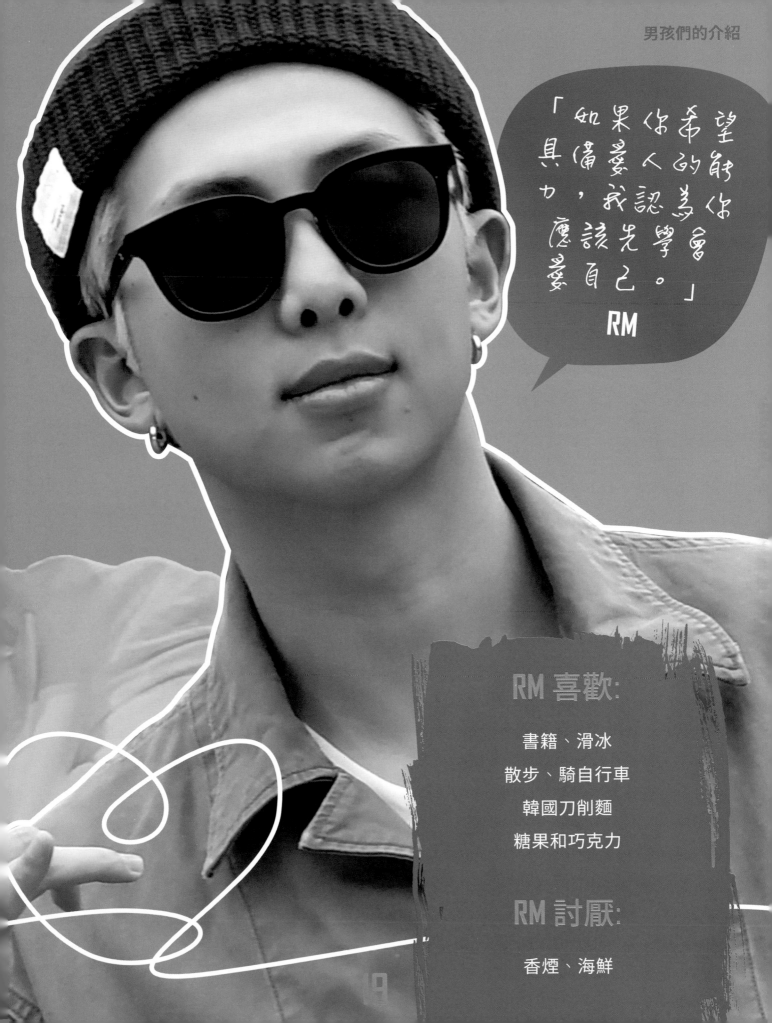

「如果你希望能夠你會如果你希望能夠愛人的你會具備愛人的能力，我認為你應該先學會愛自己。」

RM

RM 喜歡:

書籍、滑冰

散步、騎自行車

韓國刀削麵

糖果和巧克力

RM 討厭:

香煙、海鮮

首席饒舌歌手

SUGA 本名**閔玧其**，是防彈少年團的首席饒舌歌手。據說 SUGA 這個藝名來自「得分後衛」（shooting guard）這個詞的第一個音節，這也是當年他還在學校唸書時打籃球所擔任的位置。不過粉絲們都認為這是因為他的笑容像糖（Sugar）一樣甜。

他在 1993 年 3 月 9 日出生於韓國大邱，是兩個兒子中較小的那一位。受到韓國首支雷鬼二重唱 Stony Skunk 以及嘻哈團體 Epik High 等饒舌歌手的啟發，他開始發展出對嘻哈音樂和饒舌歌曲的興趣，並在 13 歲左右開始創作自己歌唱的素材。

到了 17 歲的時候，他在一間錄音工作室找到了一份兼職工作，並且隨著他開始投入更多時間進行作曲和編曲，事業的發展變得越來越順利。他也藉此機會強化他在饒舌歌唱、舞台表演、音樂製作以及歌曲混音的才能，在各種音樂素材上的掌握度也越來越高。

SUGA 跟 RM 的成名過程頗為類似，他在第一次與 Big Hit 娛樂簽約成為音樂製作人之前，就已經是一位頗受歡迎的地下饒舌歌手。除了以「Gloss」這個藝名聞名於地下饒舌歌唱界之外，他也是嘻哈團體 D-Town 的成員之一。

在正式出道之前，他與 RM、J-Hope 一起在 Big Hit 娛樂接受了三年的嚴格訓練。

每張 BTS 的音樂專輯中，都有由他編寫歌詞與製作的歌曲。韓國音樂版權協會將超過 70 首的註冊歌曲歸功於他。

除了他的藝名 SUGA 之外，他也經常使用另一個別名 Agust D，這個別名來自他的家鄉大邱（Dargu Town）的第一個字母縮寫 DT，後面再加上「SUGA」這個藝名，然後逐字母反過來拼。當他在 2016 年發行自己的同名混音帶時，就是使用 Agust D 這個別名。

作為防彈少年團最年長的成員之一，對團隊裡的其他年輕成員來說，他的角色就像是父親一樣受人尊敬。

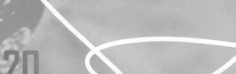

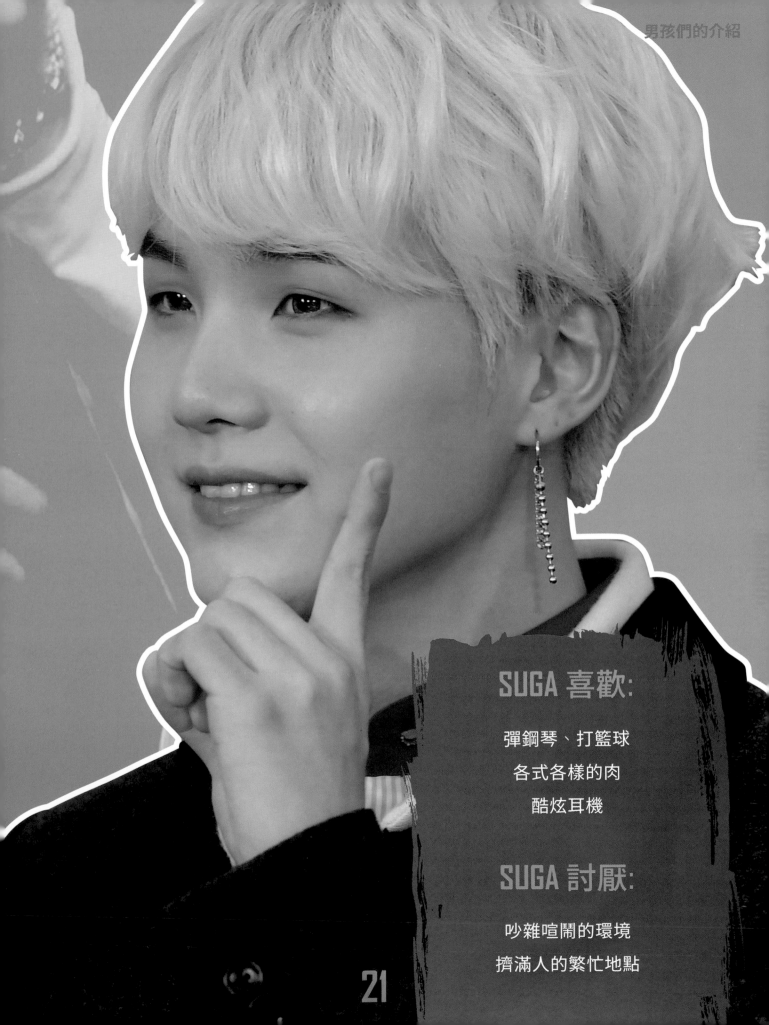

SUGA 喜歡:

彈鋼琴、打籃球
各式各樣的肉
酷炫耳機

SUGA 討厭:

吵雜喧鬧的環境
擠滿人的繁忙地點

21

舞蹈隊長、饒舌歌手、副主唱

J-HOPE 是**鄭號錫**爲自己所挑選的藝名，在團隊中屬於主要舞者跟編舞隊長，他同時也是一位多才多藝的饒舌歌手。

他選擇在藝名裡加入「Hope（希望）」這個字，是因爲他期許自己能夠成爲團隊成員跟粉絲們的希望之源。

J-HOPE 出生於韓國西南部的光州，跟父母以及姐姐住在一起。在他以偶像練習生的身份跟 Big Hit 娛樂簽約之前，他已經學習了六年的舞蹈課程，那時候他才只有 15 歲，卻已經贏得許多地方與國家級舞蹈比賽的獎項，並且成爲地下舞蹈團隊 Neuron 的一員。J-HOPE 的舞蹈風格，主要受到街頭舞者以及即興嘻哈舞表演的影響——他的動作自由靈活且充滿活力，具有放克（Funk）舞蹈風格，帶著精準的機械舞（Popping）和鎖舞（Locking）動作。防彈少年團在韓國流行音樂界的眾多團體中，一向被認爲擁有最複雜的舞蹈動作。

J-HOPE

EARLY LIFE

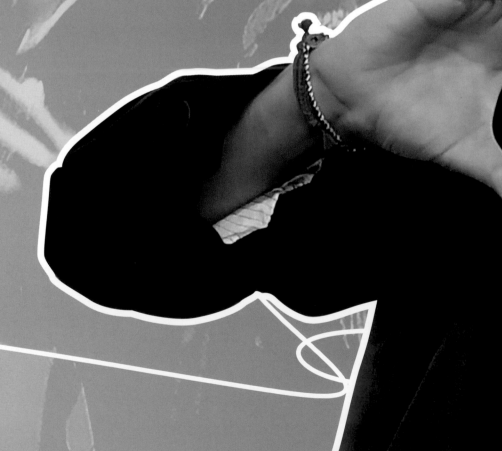

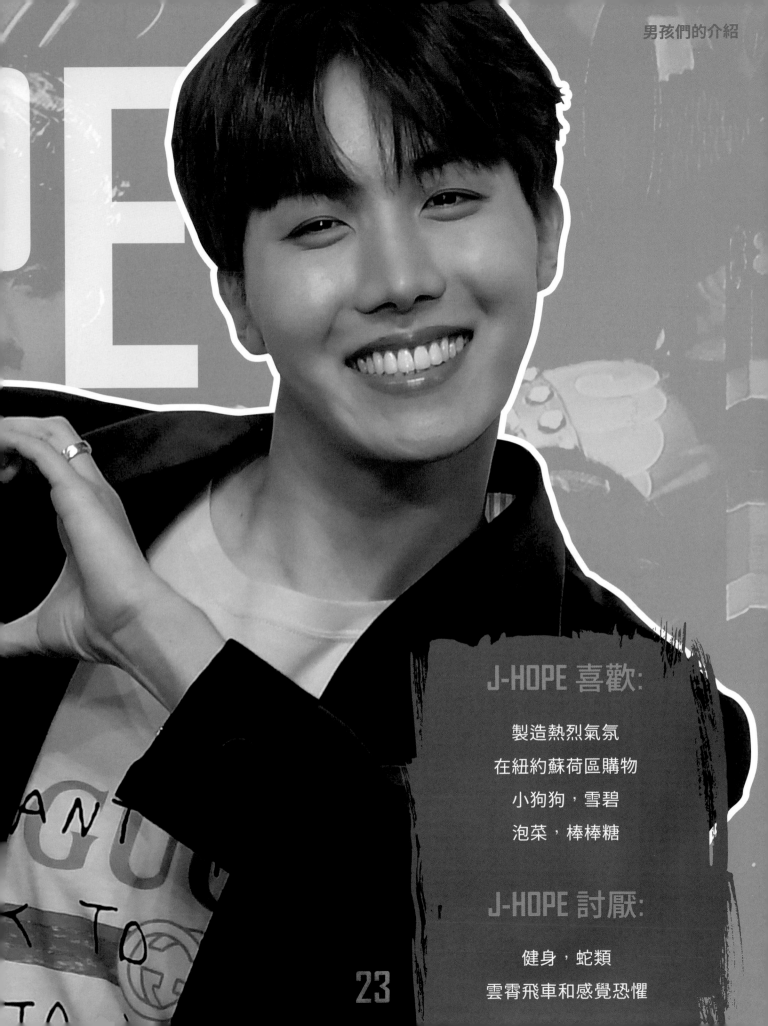

J-HOPE 喜歡:

製造熱烈氣氛

在紐約蘇荷區購物

小狗狗,雪碧

泡菜,棒棒糖

J-HOPE 討厭:

健身,蛇類

雲霄飛車和感覺恐懼

23

JIN

EARLY LIFE

副主唱和門面擔當

擁有「**世界帥哥（Worldwide handsome）**」綽號的 **Jin**，是團隊中年齡最大的男孩，也是官方認定的「門面擔當」成員。

1992 年 12 月 4 日，出生於京畿道安養市，Jin 的本名是 **金碩珍**，1 歲時搬到首都首爾附近的果川市。他有一個比他大兩歲的哥哥，名叫金石中。

在 Jin 成為流行巨星之前，他就已經頻繁地旅行於各國之間，因為他的父親是一家大公司的執行長，所以常常會帶著 Jin 一起出差。甚至在 Jin 就讀中學的期間，就已經到澳大利亞當過一年的交換學生。

到了 2011 年的夏天，當時 Jin 才剛到建國大學就讀電影藝術學系，短短三個月的時間，他就被 Big Hit 娛樂的星探發現，並且提供許多機會讓他選擇。但是他最終決定加入防彈少年團，與已經就位的 RM、SUGA 和 J-HOPE 一起接受訓練。

在他的工作閒暇時間，Jin 其實喜歡自己下廚做菜。2018 年 4 月，他跟哥哥合作，在首爾的石村湖附近開設了一家名為「Ossu Seiromushi」的日式餐廳。他們主要提供以清蒸方式烹調的各式日本料理。

作為防彈少年團年紀最大的成員，Jin 很樂意擔任其他成員的導師，不過其他成員會假裝不領情，他們在 Jin 說著「老爸級冷笑話」時會故意不笑，並親暱地稱呼他為「omma」，這在韓語中是「媽媽」的意思，彼此就是這樣以開玩笑的方式相處。

「那些希望外表變得更年輕的人，應該以年輕的心生活。」
JIN

JIN 喜歡:

網球、游泳

高爾夫＆單板滑雪

草莓、蜜袋鼯（夜間出沒，會滑翔的負鼠）

龍蝦和韓國冷麵（被稱為 Naengmyun）

JIN 討厭:

恐怖電影

落在身上的蟲子

25

JIMIN

主舞和領唱

舞蹈之王 **Jimin** 一向以他的敬業精神和好勝心著稱，他形容自己是一位隨時追求極致的完美主義者。

Jimin 出生於韓國東南沿海的釜山市金井區，本名**朴智旻**，他與父母以及弟弟住在一起。

在加入 Big Hit 娛樂之前，他曾花了很長時間學習當代舞跟現代舞，並且表現十分出色，他的老師因此建議他可以到娛樂公司試鏡，他在 2012 年與 Big Hit 娛樂的合作相當成功。

他的歌聲為團隊的音域增添了高音的部分。

EARLY LIFE

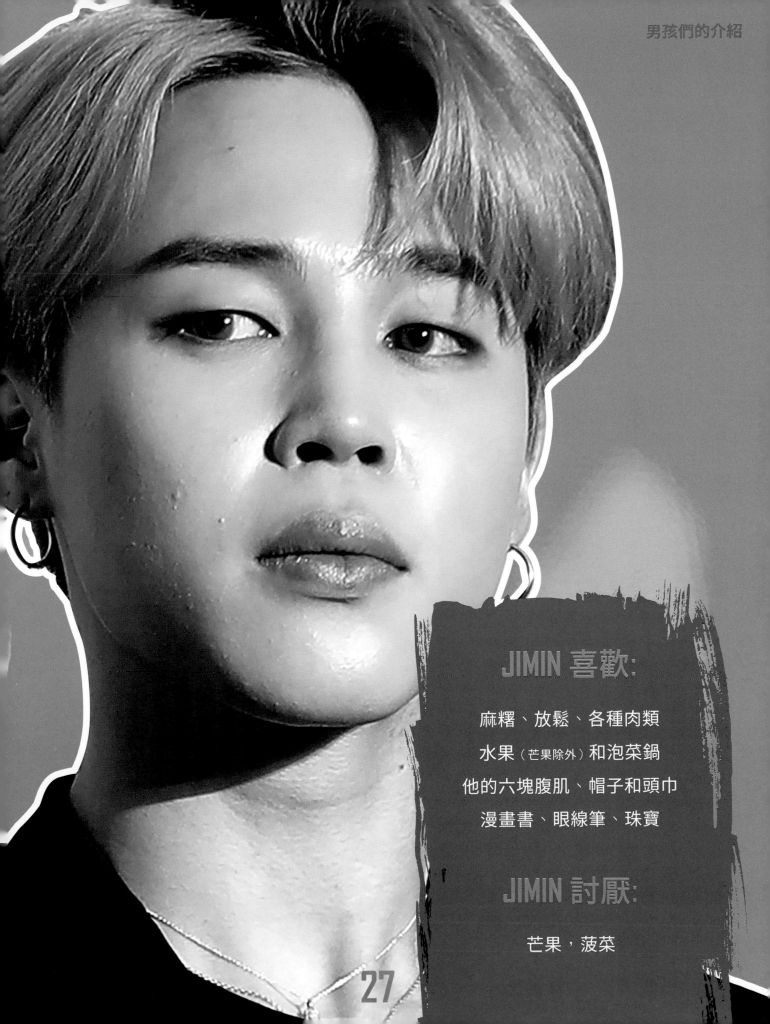

JIMIN 喜歡:

麻糬、放鬆、各種肉類
水果（芒果除外）和泡菜鍋
他的六塊腹肌、帽子和頭巾
漫畫書、眼線筆、珠寶

JIMIN 討厭:

芒果，菠菜

27

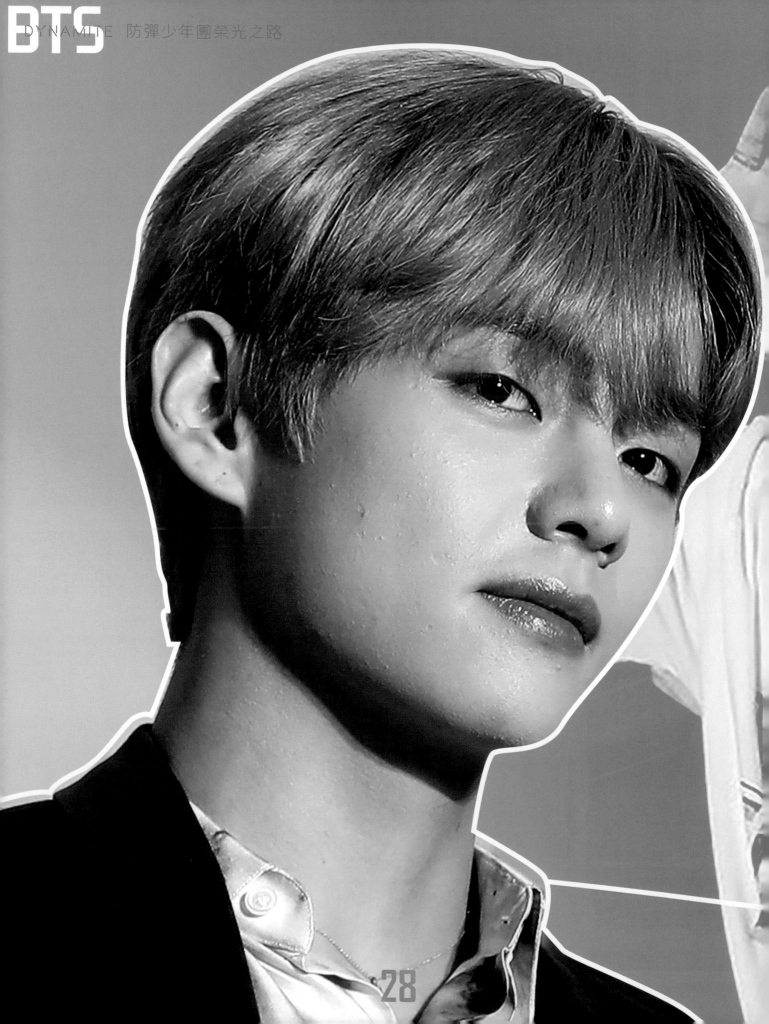

副主唱和形象擔當

V 出生於韓國大邱，本名**金泰亨**，和他的弟弟妹妹一起在居昌郡長大。他解釋他的藝名 V 代表的是「勝利」這個詞。

小時候他曾花了一段時間學習歌唱課程和吹薩克斯風的技巧，2011 年成爲 Big Hit 娛樂的偶像練習生，獨有的「低沉沙啞」歌聲廣受好評。同時他也相當努力地練習，希望讓自己的舞蹈動作能夠更完美精確。

在 2016 年時，V 首度在電視劇中參與演出，他在韓國電視劇《花郎》中擔任配角。

他也是一名詞曲作者和音樂製作人，同時對攝影也很感興趣。

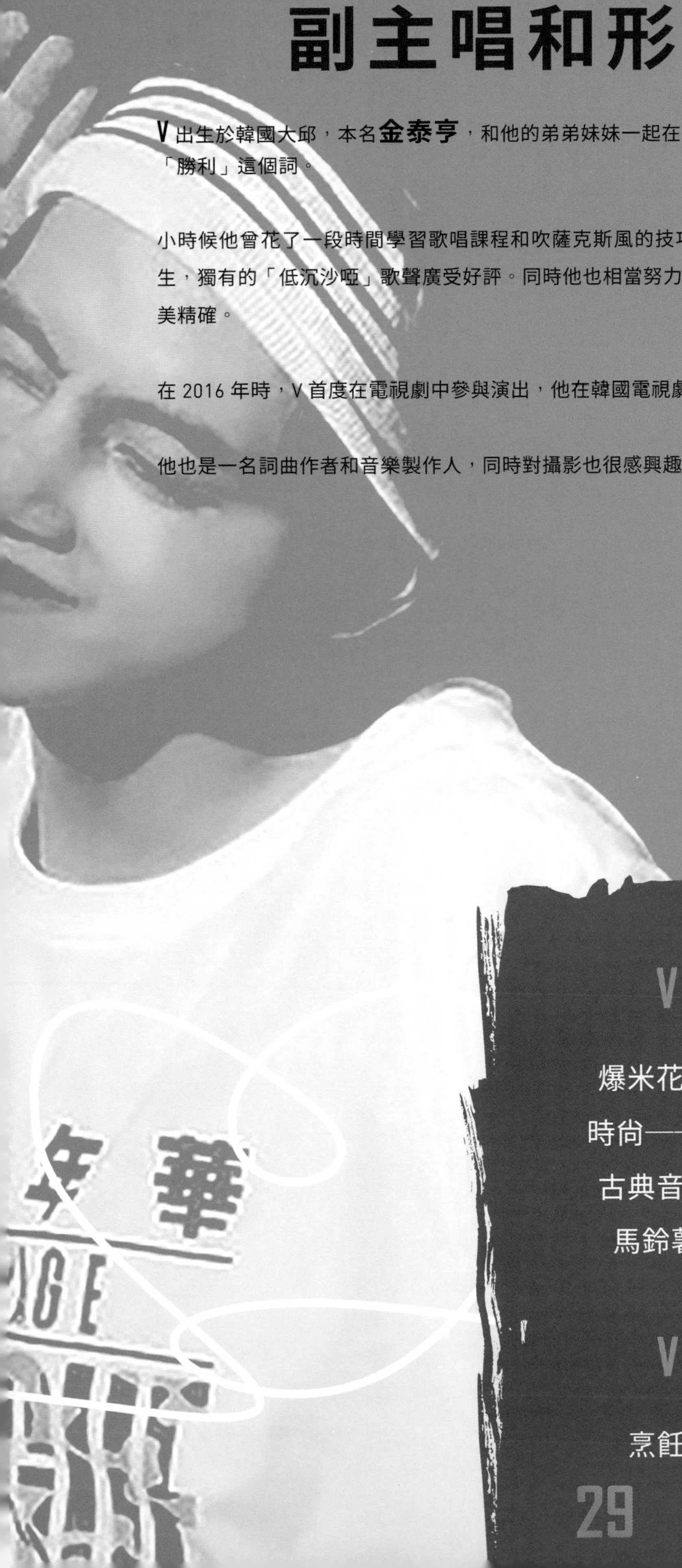

EARLY LIFE

V 喜歡：

爆米花、紐約、攝影
時尚——尤其是 Gucci
古典音樂和爵士音樂
馬鈴薯餅和遊樂園

V 討厭：

烹飪、咖啡、酒

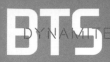

JUNG

EARLY LIFE

主唱、領舞
和副饒舌歌手

Jungkook 是團員中最年輕的一位，1997 年出生，本名**田柾國**，跟 Jimin 一樣也是來自韓國東南沿海的南部港口城市釜山，與父母和哥哥住在一起。

Jungkook 本來是一位表現傑出的羽毛球選手，但是在 14 歲那年決定要成爲一名歌手，並於 2011 年報名參加韓國選秀節目《Superstar K》的試鏡。雖然最後並沒有進入決賽，但是這次的曝光卻讓他一口氣收到七家大型娛樂公司的邀約。不過後來他還是拒絕了其他公司，選擇加入 Big Hit 娛樂的偶像訓練計劃，之後更成爲 BTS 的一員，據說這是因爲他被 RM 的帥氣表演所吸引。

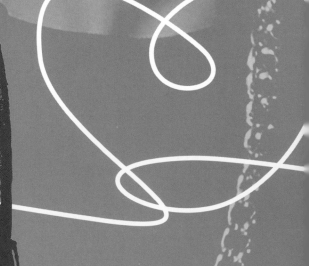

JUNGKOOK 喜歡：

香蕉牛奶、電腦遊戲
爆米花、繪畫
足球、鞋子、化妝品

JUNGKOOK 討厭：

無味的食物
蟲子，受傷，練習

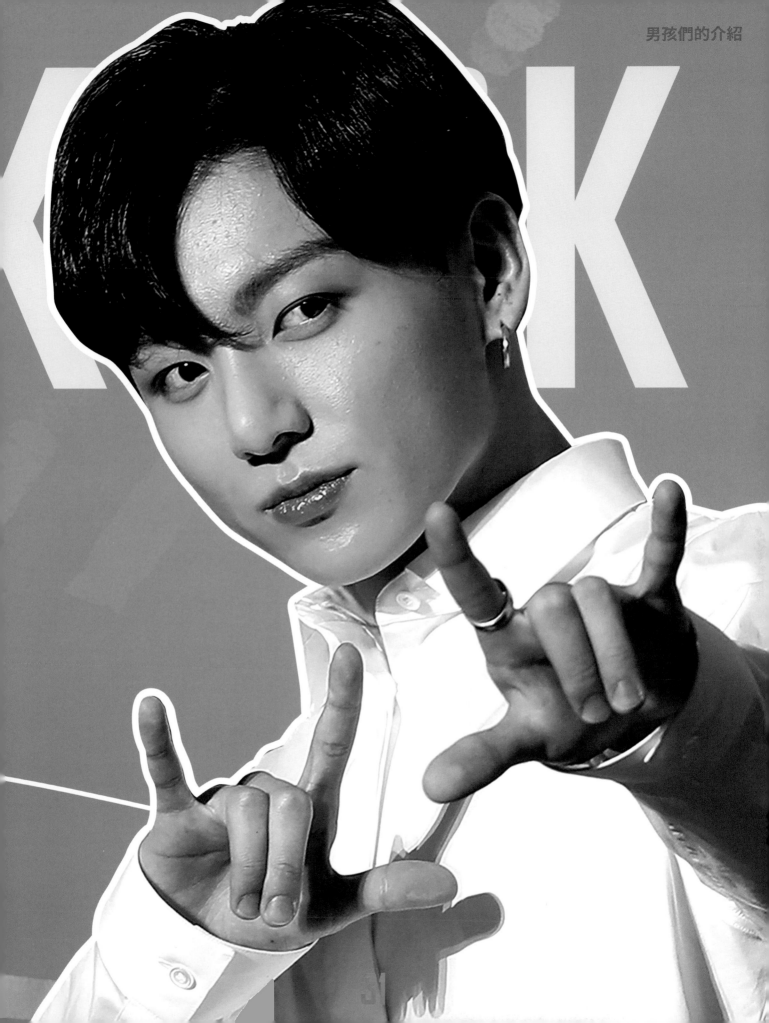

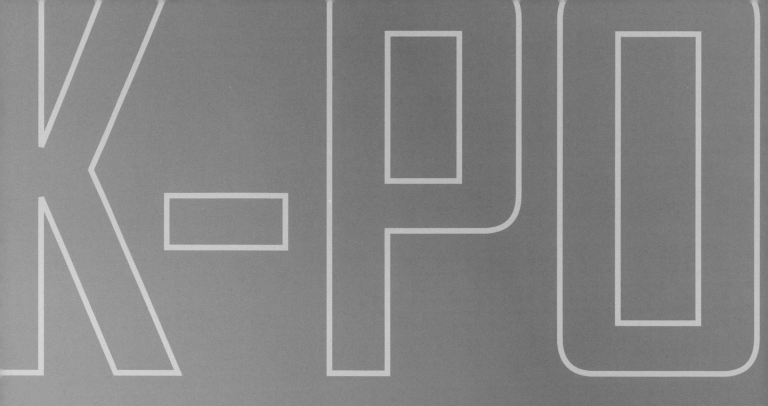

K-POP 是 Korean Pop 的縮寫，本質上是韓國文化融合西方流行音樂的產物；其中包括了各種不同音樂風格的混合，包括電子音樂、嘻哈音樂、流行音樂、搖滾音樂、節奏藍調和饒舌音樂，每種風格都有各自的擁護者，而且風潮越來越興盛。這是一種不斷演進的流派，往往比西方音樂更勇於嘗試不同形式的變化──歌曲可能往意想不到的方向創新，讓聽眾們大為驚艷。

這種曲子非常悅耳易記，活力十足，富有創意且變化不斷。

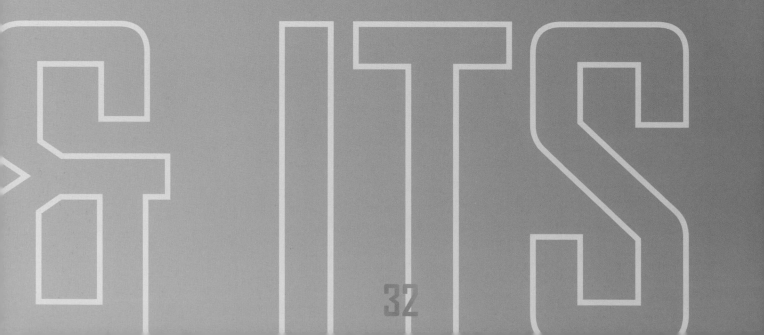

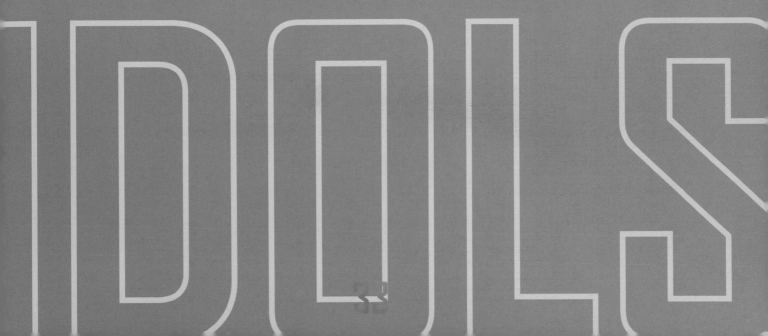

這樣的現象可以追溯到 1992 年 4 月 11 日，當時一個名爲「徐太志和孩子們」的嘻哈三人組，出現在韓國新人推薦節目的表演中。這個全新的少年團體效法美國「街頭頑童合唱團」的風格，與之前所有新人團體的路線截然不同，他們選擇歌曲主題和風格的方式，完全挑戰那個年代對於流行音樂的規範與看法。

他們讓觀衆看得目瞪口呆，卻成功地引起大家的共鳴，他們的專輯立刻受到熱烈歡迎，成爲當時韓國音樂史上最成功的團隊。他們的第一首歌佔據榜首長達 17 週的時間，順利開啟了 K-POP 的全盛年代。

徐太志和孩子們的成功恰逢其時——很幸運地，他們的崛起時間剛好遇上韓國政府的民主轉型，放鬆了先前對於音樂製作的嚴格控制。現在，政府不再譴責音樂產業，而是轉而支持它的發展，並將其視爲值得發展全球市場的重要出口產品之一。

爲了把握這種全新音樂風格的發展潛力，數家大型韓國娛樂公司都在 1990 年代開始培養自己的「偶像」團體。基本上來說，每家公司都會利用試鏡的方式來創造自己的明星，然後讓通過篩選的少數優秀人才接受嚴格的強化培訓課程。

任何 11 歲以上的兒童都可以參加試鏡，一旦被公司選中，他們就能成爲「偶像練習生」——完美塑造的流行歌星。學員們會搬進宿舍裡跟大家一起生活和學習。

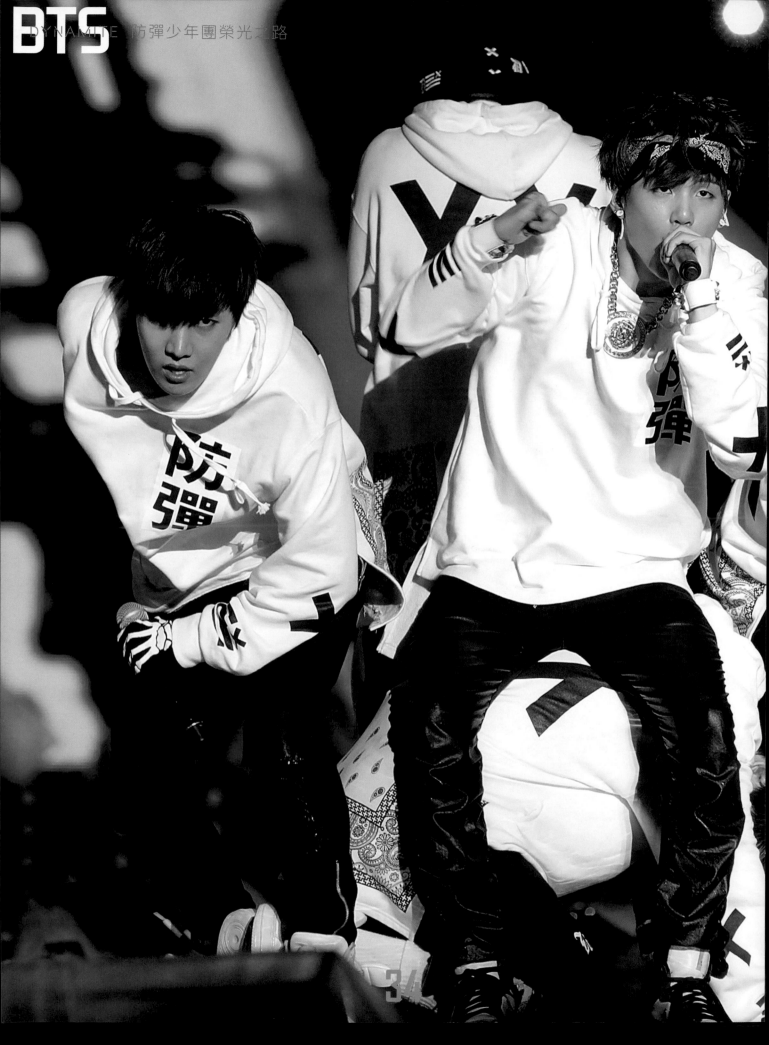

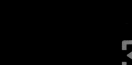 2013年10月5日於韓國廣州，BTS 2013韓流夢想演唱會

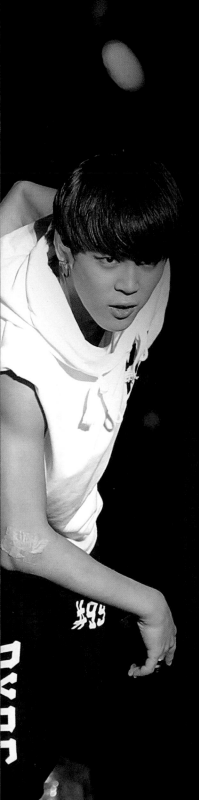

這些偶像練習生們每天在類似學校的培訓學院裡接受訓練，努力讓自己每一個唱出的音符和做出的動作變得更加完美。除了天賦之外，學員們還需要具備異於常人的毅力和良好的工作態度。每天的訓練都很辛苦，訓練時數很長，有時甚至長達 14 小時，每兩週才能夠休息一天。

訓練的重點是聲樂歌唱和舞蹈動作，彷彿永無休止的重複練習，目標是確保學員們的肌肉能夠把動作記憶下來，在無意識的情況下也能自動做出完美的表演。在培訓學院的訓練結束之後，受訓者應該就已經具備成為成功偶像的所有知識和技術——儘管並非所有學員都能達到結業的要求。

大多數學員為了能夠獲得接受偶像培訓的機會，不得不遠離家人和家鄉，因此克服孤獨感可能是第一個要面對的障礙。

少數人會在偶像培訓學院裡一待數年，而某些比較晚加入的學員，卻可能只受訓短短幾個月就能順利「出道」。有些人甚至根本沒有出道的機會，他們如果在每個月的常規考核表演中拿到低分，立刻就會被學院淘汰了。在這些重要的考核表演中，每位學員都將按照他們進行獨唱或是在小組內的表現進行評分，隨著娛樂公司為他們規劃的不同陣容與組合，這些小組會定期調整團隊裡的成員。

一旦通過嚴格的培訓，並且順利成為一名「偶像」之後，娛樂公司會根據每位男孩或女孩的特色，安排他們到不同的團體中進行測試，看看哪一種組合最完美。一旦每個人都有合適的位置和角色之後，一個全新偶像團體的誕生就在眼前——你可以想像這些培訓學校的訓練模式，就彷彿是英國《X Factor》或是美國《American Idol》之類的選秀節目，再加上奧林匹克比賽的標準，以及良好的評比制度，變成一套有效率的培訓系統。

透過這樣的系統，K-POP 的市場變得越來越龐大，在其他的亞洲地區，尤其是日本，非常受到觀眾的歡迎與喜愛。但是有一個巨大的市場，似乎長期以來一直無法被攻下——就是以英國與美國為主流的西方流行娛樂圈。在防彈少年團成立之前，沒有任何一位韓國藝人能在西方國家產生足夠的群眾吸引力。在美國成名似乎是一個遙不可及的夢想，但是這一切即將改變……

當BTS 的團員們都還在學校上學，夢想著有一天能夠在音樂界取得成功時，有一個未來將成爲他們明星生涯導師的重要人物，已經在韓國音樂界家喻戶曉，無人不知。

房時爀本來是一位著名的頂尖音樂編曲和製作人，在一家具有領導地位的韓國音樂公司上班，2005 年時他決定離開穩定的工作，成立自己的音樂公司，他爲這家新公司取名爲「Big Hit 娛樂公司」。房時爀希望有一天能夠改變當時的業界生態，幫助他的學員們在沒有過大壓力的情況下也能取得成功。由於他過去擁有非常成功的紀錄，大家爲他取了一個綽號叫「Hitman（殺手）」，但卽使是他自己，也沒有料到這家新公司在未來能夠取得如此輝煌的成就！

當時他四處尋找具有天分的年輕人才——RM 就是其中一位第一批簽下合約的藝人，那時候他已經是韓國地下饒舌圈內頗具人氣的歌手，不像其他人是透過既定的偶像培育體系才得以揚名。房時爀最初是打算以個人歌手的方式讓 RM 大量曝光，並且有一個專屬的配合團隊，但是最後還是決定讓他成爲一個傳統「偶像」少年樂團的一員。房時爀曾經如此對外表示：他認爲現代青年需要的是「一個可以提供肩膀讓他們倚靠，卻又不囉唆多話的英雄」，BTS 就是在這樣的背景下誕生。

團隊內的其他成員都是透過 Big Hit 娛樂公司的試鏡流程而逐步加入。一開始仍然專注在尋找合適的饒舌歌手，SUGA 和 J-Hope 就是這樣首先被挑選加入並順利簽約，然後在接下來的數年裡，他們不斷地嘗試尋找不同的風格與組合， 歷經多次的陣容重組和擴大，直到另外四位天才歌手：Jin、V、Jimin 和 Jungkook 依序加入，才終於全員到齊。

 2013年7月6日，在清涼里粉絲見面會上的Rap Monster

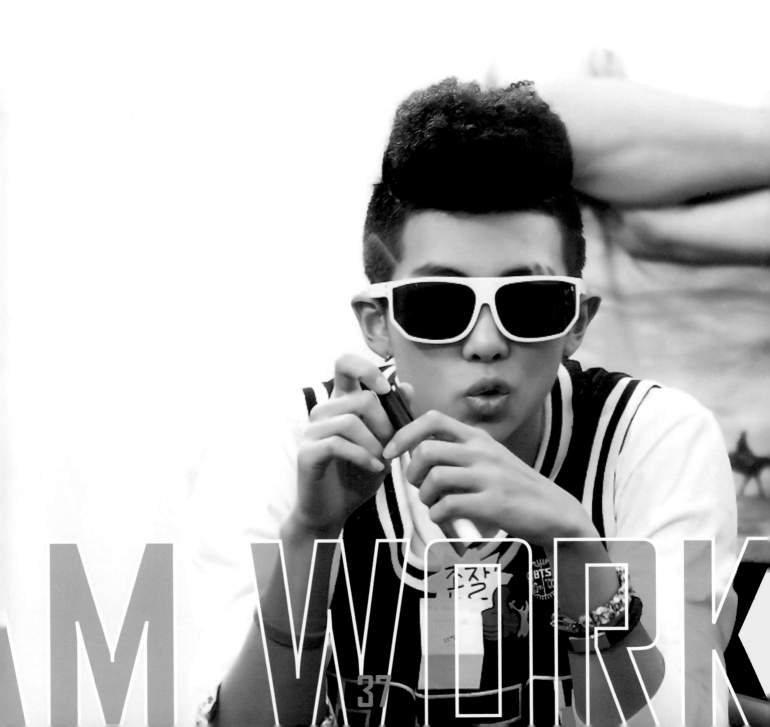

不可否認每位團員都是才華洋溢的歌手、舞者、詞曲作家和演員。只是跟許多韓國藝人一樣，每位團員都有他們自己特別的專長，並且被歸類在某個小組裡，對於最具挑戰性的歌唱與舞蹈，通常會有所謂的「Vocal Line」或是「Dance Line」。相較於其他的偶像組合，防彈少年團的成員們比較少擔任戲劇或是電視的演員，所以誰的表現比較突出很難說，但是通常來說，團隊裡的「Rap Line」指的是 RM、SUGA 和 J-Hope，「Vocal Line」包括 Jungkook、V、Jimin 和 Jin，「Dance Line」是 J-Hope、Jimin 和 Jungkook。除此之外，還有一個叫做「門面擔當」的角色，跟美貌、魅力和吸引力有關。這邊要再次強調，雖然每一位 BTS 的成員都是三者兼具，但是他們官方承認的「門面擔當」是 Jin，不過 V 和 Jungkook 現在也因為他們的外表出眾而受到許多關注，所以這三個人就被稱為「顏值擔當」三人組。

儘管 BTS 成立時所展現的風格與特色，依然是為了符合許多傳統上對於「偶像團體」的期待，例如強烈動感的嘻哈說唱搭配電子舞曲的音樂，以及快速時髦動作俐落的酷炫舞步，都能讓團隊看起來帥氣又具魅力，但是 BTS 跟其他團體有一個最重要的區別——他們希望勇敢地呈現最真實的自我，而不是永遠戴著「完美流行歌星」的面具。團員們期待能夠表達出年輕人在生活上的消極面，而不是隱藏他們自己的缺陷與不足之處。

BTS 就是「Bangtan Sonyeondan」的縮寫，直接翻譯過來的字面意義，就是現在的團名「防彈少年團」，某個程度上來說，這就是房時爀希望團隊與眾不同的一個絕佳範例。他希望使用「防彈」這個詞來展示團員們的韌性與承受挫折的能力。但同時他也認為對外呈現團隊的真實面，並且勇敢地跟粉絲們分享每個人心中確切的個性與想法，絕對是件很重要的工作。其他的娛樂公司還懷抱著不切實際的舊觀念，他們所推出的偶像是如此不可思議地完美，但卻只是沒有自我想法的傀儡。房時爀的夢想完全不同，他希望 BTS 能夠展現同理心、對人坦誠相待、而且誠實地面對名聲遠播所帶來的壓力。他甚至期許未來的某一天，這個團隊可以為無助的歌迷指出未來的方向。防彈少年團的成員們也滿心期待走上這樣的夢想之旅。他們有十足的天賦來製作出獨一無二的音樂和歌詞，而且也已經開始為粉絲們說出他們最想聽到的奇妙經歷。

「我們寫實地說出其他人心中的眞正感受——例如痛苦、焦慮，與心中的擔憂。」SUGA
這樣對外說明。「這就是我們給自己設定的目標，努力創造人們發自內心、產生共鳴的
同理心。」 RM 表示同意，並且認爲：「生活中有許多不可抗力的因素，各種的問題、
艱難、困境……不勝枚舉。但是我認爲想要過得舒服自在，最重要的就是勇敢做你自己。
即使是我們，也仍然還在努力想要活出自我。」

他們所編寫創作的歌詞，深刻地描述了影響當今年輕人的各種主題，例如心理健康、學
業壓力、同儕霸凌以及情緒抑鬱。但是他們也努力地傳達正面積極的訊息，包括年輕人
應該如何探索自己的性格，並且盡力克服複雜的難題與壓力，通常最佳答案就是「愛自
己」——這也是他們的表演裡最希望傳遞的核心價值。

這些大男孩們輕描淡寫地說出他們自己過去遭受的嘲笑和霸凌，例如曾經遭到人們指責
歌詞抄襲與現場對嘴假唱。

團員們開始透過他們的歌曲宣傳、節目採訪、影片播放，以及至關重要的社群媒體，發
佈更新與散佈他們所希望傳達的訊息，當時立刻就引起了巨大的轟動。2012 年 12 月，
在他們正式「出道」之前六個月，那時候他們還是一支名爲「Bangtang Boys」的樂團，
開始在 Soundcloud 這個網路音樂分享平台上發佈一些歌曲剪輯。這些大男孩們輪流用
英語和韓語說唱饒舌歌曲，另外還趁著聖誕假期的時間，應景地翻唱了 Wham 樂團的經
典歌曲〈Last Christmas〉。

當這個七人團體在 2013 年正式出道時，這時大家都已經做好了一切的準備，他們在韓
國《M Countdown K-Pop 排行榜》這個節目上首次亮相時，表演的是單曲專輯《2 Cool
4 Skool》中的〈No More Dream〉，精心排練的歌曲和流暢的舞蹈動作，爲他們的打
扮和外貌做了不可思議的強化跟修飾。

到了 2014 年 8 月 20 日，樂團發行了首張在錄音室裡錄製的韓語專輯《Dark &
Wild》，隨後並在 2014 年發行了日語專輯《Wake Up》。《Dark & Wild》 反映了他們
在歌曲特性上的本質改變，融入了更多嘻哈音樂以及電子舞曲的元素。

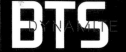

WHY BTS?

在充滿活力的韓國流行音樂圈之中,數百支樂團爭先恐後地競相追逐成功的機會,到底是怎樣的本質差異
賦予了 BTS 突出的優勢,推動他們走出韓國,並且贏得全球各國音樂界的一致好評?

美國的權威音樂雜誌《滾石雜誌》,一向持續關注全球流行文化,早在 2012 年就已經意識到韓國音樂界
正在發生一些本質上的改變,這樣的演進很可能即將影響美國音樂排行榜的排名。他們也發布了一份「最有可能」打入
美國市場的 K-Pop 樂團名單。不過當然那個時候 BTS 還沒有出現在他們的觀察名單之中。

事實上,BTS 的誕生恰逢其時。因為當時大型娛樂公司的運作模式正不斷地發生變化,他們所培養出來的成員,已經不再是
實際上只有處於本國傳統文化中,才有辦法引領流行的老式偶像。同樣地,韓國人對於男子氣概的定義開始發生轉變,男孩們
有機會嘗試在西方世界流行的衣服和化妝品。全球化的過程意味著跨國的文化障礙正在消失當中。當然還要感謝社群媒體的影
響,這些網路平台讓 BTS 能夠直接與粉絲們建立真正的聯繫與對話,毫無疑問地,這大大地幫助了他們擴大全球粉絲群的人數。

防彈少年團所取得的成就簡直就令人震驚。BTS 不但忠於自己,而且他們的音樂更是吸引了全世界各種
不同種族與宗教的聽眾,同時也依然頻繁地演唱韓文歌曲,BTS 確實開拓了一條全新的道路。

BTS 第一張專輯內的歌曲,絕大多數都是使用韓文演唱,在家鄉韓國跟鄰近的日本都取
得了空前的成功。到了 2016 年,他們發行第二張在錄音室錄製的專輯《Wings》,這讓
他們在海外市場獲得了真正的突破。除了在韓國銷售超過 100 萬張以及獲得年度專輯獎
之外,最高還曾經到達美國《告示牌》專輯排行榜第 26 名,成為當時美國有史以來 K-Pop
專輯所獲得的最高排行榜排名——儘管 BTS 在接下來的幾年內,就會打破他們自己當年
所創下的記錄。如同專輯名稱一樣,BTS 展開「Wings(翅膀)」起飛,他們的旅程已
經正式宣告開始。

2016 年底,BTS 靠著《Wings》專輯裡的〈Blood Sweat & Tears〉這首單曲,在世界
單曲暢銷榜上獲得了第一名,而這樣的佳績得要歸功於他們為這首歌拍攝了一段帶著華
麗哥德式風格的 MV 影片。

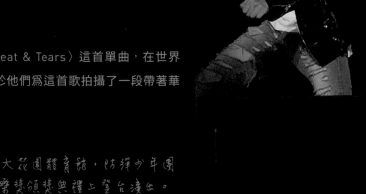

 2018年5月20日,在拉斯維加斯的米高梅大花園體育館,防彈少年團
在當地舉行的2018年美國《告示牌》音樂獎頒獎典禮上登台演出。

贏得 2017 年美國《告示牌》音樂獎最佳社群媒體藝人，是 BTS 向外發展的另一個重要
里程碑，並且為他們帶來了全世界的目光。出人意料地，他們終結了小賈斯汀的連勝紀
錄，並且打敗了其他的被提名人，包括亞莉安娜‧格蘭德、小天后賽琳娜‧戈梅茲，以
及尚恩‧曼德斯。小賈斯汀自 2011 年這個獎項開始設立以來，每年都贏得此一殊榮，
卻在 2017 年敗給 BTS。最佳社群媒體藝人獎是由粉絲們投票選出，綜合考慮到粉絲與
藝人之間的各種互動方式，包括音樂的串流量。從那以後，BTS 連續數年都贏得該獎項。

就美國和英國市場而言，另一個真正改變 BTS 職業生涯的轉捩點，就是他們所發行的第
三張專輯《Love Yourself 轉 'Tear'》，這讓 BTS 在有利可圖且享有盛譽的西方歌曲排行
榜上，獲得了有史以來最高的登榜名次。這張專輯於 2018 年 5 月 18 日正式發行，首次
登榜就在美國《告示牌》兩百大專輯榜上排名第一，成為第一張在美國專輯榜登上榜首
的韓國專輯，也是所有亞洲藝人在排行榜上曾經到達的最高名次。

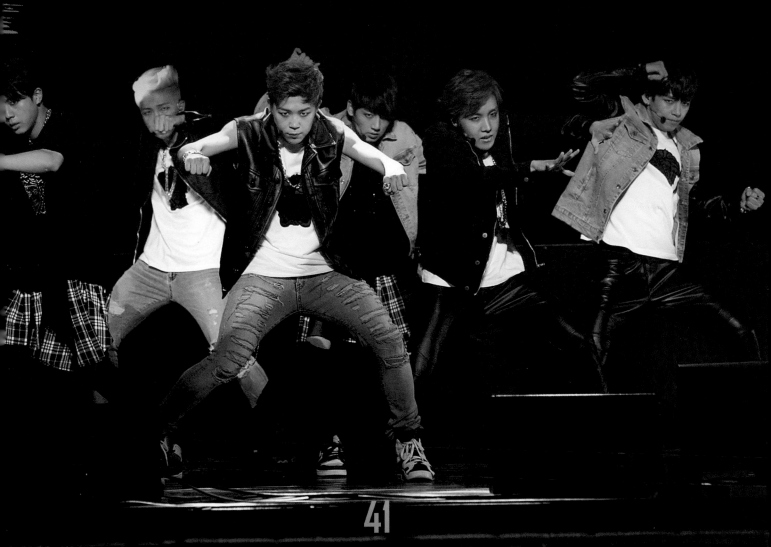

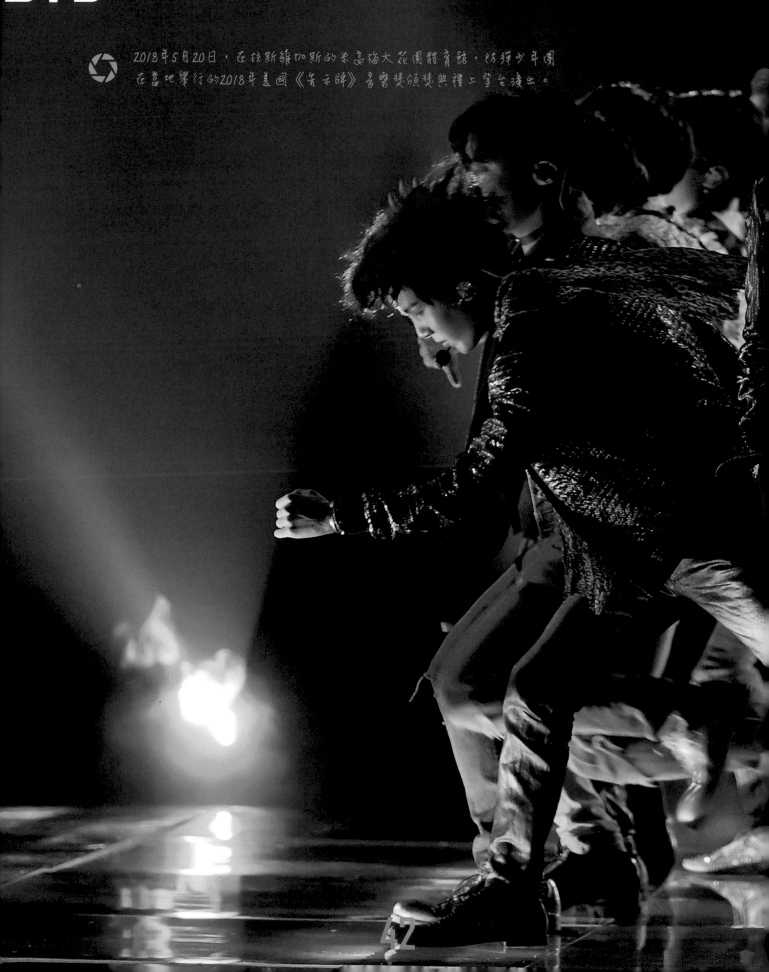

2018年5月20日，在拉斯維加斯的米高梅大花園體育館，防彈少年團在當地舉行的2018年美國《告示牌》音樂獎頒獎典禮上登台演出。

在英國的成績也不遑多讓，《Love Yourself 轉 'Tear'》爲 BTS 創造了有史以來最高的排行榜名次：在英國專輯排行榜上排名第 8。

一旦成功打開了西方市場的大門，加上不斷推出熱門的歌曲，這讓 BTS 成爲自披頭四之後，銷售數量增加最快的樂團，在短短不到兩年的時間裡，他們就在美國取得了四張排行第一的專輯。

繼《Love Yourself 轉 'Tear'》專輯在世界各地都獲得了驚人的成功之後，接下來的數張專輯也相繼在美國獲得專輯榜第一名的成績，包括《Love Yourself 結 'Answer'》（2018年 9 月 ），《MAP OF THE SOUL : PERSONA》（2019 年 4 月 ） 和《MAP OF THE SOUL : 7》（2020 年 3 月）。在單曲榜上，他們在 2019 年與海爾希合作的表現尤爲出色，〈Boy With Luv〉在美國《告示牌》百大單曲榜進入前 10 名，首次亮相就拿下單曲榜第 8 名，並且最終獲得白金認證。這首單曲也進入了英國的前 20 名，最高達到第 13 名。

進入 2019 年僅僅七個月的時間，BTS 在美國《告示牌》的世界單曲暢銷榜上，就取得了五次排名第一的成績。然後在 2020 年 8 月，BTS 成爲第一個在《告示牌》百大單曲榜、全球兩百大單曲榜和英國官方流行音樂排行榜均排名第一的韓國藝人，他們的熱門英語單曲〈Dynamite〉成爲西方流行音樂排行榜的焦點，就像皇冠上最耀眼的一顆明珠。這首引人入勝，帶著強烈迪斯可風格的曲目，是樂團第一首用英語演唱的熱門歌曲。這首歌的 MV 影片在 24 小時內就達成 1.01 億次的全球觀看人數。

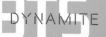

正當他們的專輯不斷征服美國和英國的歌迷時，他們在韓國的銷售成績也依然持續地超越歷史記錄。防彈少年團在韓國 Gaon 音樂榜上的專輯銷量超過 2000 萬張，成為該國有史以來最暢銷的藝人，《MAP OF THE SOUL：7》是當年有史以來最暢銷的專輯。

隨著《時代》雜誌將 BTS 列入「下一代領導者」的名單時，BTS 這個超級組合就更進一步地躍入了流行音樂領域之外的公眾意識中。當 BTS 的團員們出現在這本著名雜誌的封面時，任何先前不曉得 K-Pop 是什麼，或是不認識這個佔據排行榜榜首的團隊是誰的人，都立刻接受了一場震撼教育。

跟他們一樣得以登上雜誌封面的其他明星，都是極為了不起的世界級領袖，包括美國前總統巴拉克‧歐巴馬，著名巨星湯姆‧克魯斯和妮可‧基嫚等，以及其他一起競逐排行榜的歌星，例如 U2 的波諾等。兩年後 BTS 被《時代》雜誌評選為 2020 年的「年度藝人」。

在雜誌內頁隨附的文章中，作家雷莎‧布魯納（Raisa Bruner）這樣子描述他們：「……不僅僅是排行榜上最成功的 K-Pop 團體。毫無疑問，他們已經成為世界上最卓越的樂團！」

在接受該雜誌的採訪時，這個樂團除了談到他們的成功，也提到他們的鐵桿粉絲群「ARMY」。

「有些時候我會對這一切正在發生的事情感到難以想像與惶恐震驚。但是我常常會問我自己，如果我們不採取行動，還有誰會這樣做呢？」SUGA 說。

 2020年11月22日於韓國，防彈少年團在2020年全美音樂獎頒獎典禮直播表演。

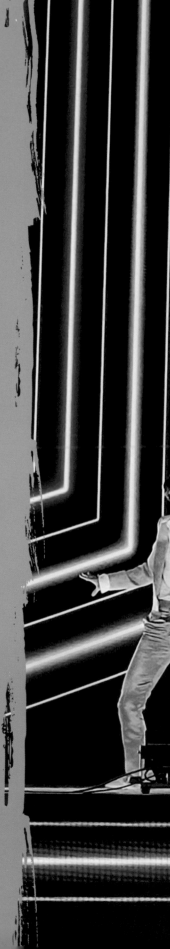

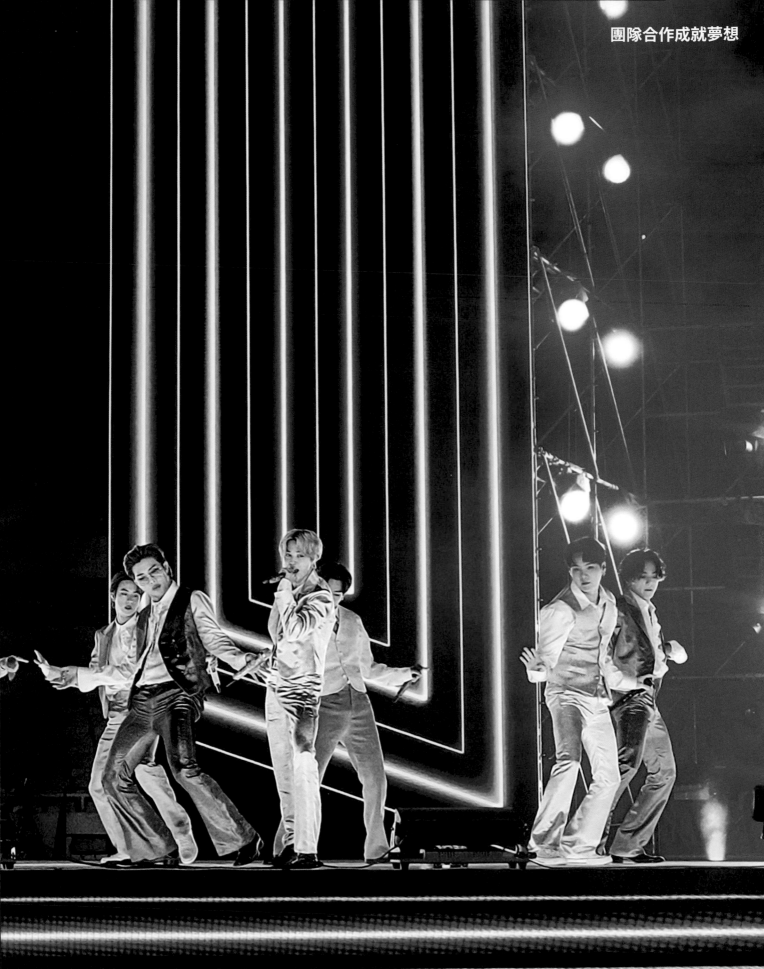

團隊合作成就夢想

45

到了 2017 年，BTS 的團員們開始乘著流行的浪頭，離開韓國正式邁入全球音樂界。類似這種把韓國文化向外國輸出的趨勢，人們稱這種潮流為「韓流」，最初是起源於 2000 年初期。

雖然許多韓國藝人都在他們的家鄉取得了驚人的成就，但是幾乎沒有人順利進入西方的音樂排行榜。除了少數像是碰碰狐的〈Baby Shark〉或是 PSY 的〈江南 Style〉等歌曲，這些聽起來感覺比較新奇創新的音樂才有機會登榜，可惜也都後繼無力，無法持續創造佳績。韓國音樂好像對英國跟美國的消費者並不存在吸引力，基本上他們似乎對 K-Pop 的魅力免疫。雖然 BTS 的專輯一開始就順利在韓國和日本取得了成功，但是他們依然花了好幾年的時間，才將他們的作品推廣到世界各地。如果他們的音樂實力真的如此堅強，那到底為什麼會有這樣令人不解的差異？

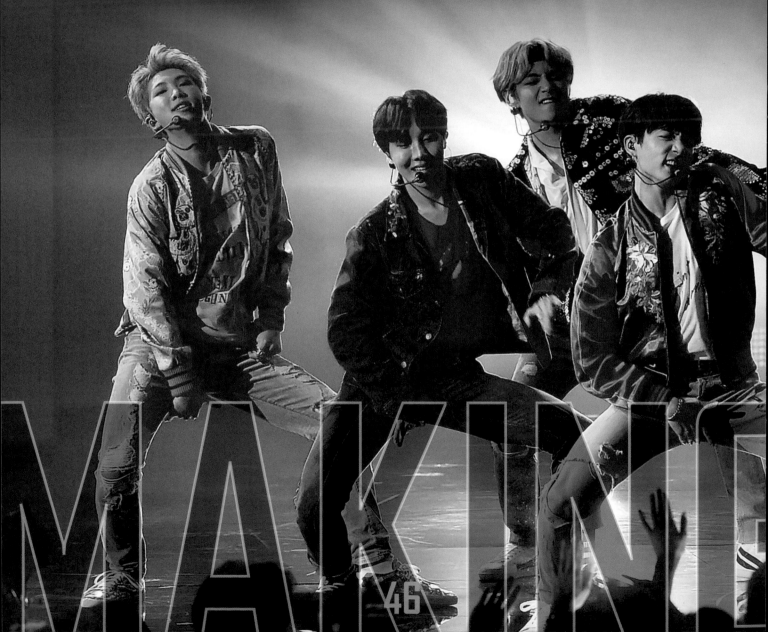

2017年11月19日於美國洛杉磯微軟劇院，防彈少年團在2017年全美音響獎頒獎典禮登台表演。

當然，他們得天獨厚地擁有了前輩們所缺乏的兩個條件；首先是他們可以利用 YouTube 以及其他的社群媒體平台進行曝光，讓他們有辦法接觸到全球的消費者，並因此而踏上世界舞台，另一項優勢則是他們獨一無二的廣大粉絲群們。

除此之外，他們根據自己面對現代緊繃生活壓力的經驗，寫下了大部分表演所需要的素材。男孩們朗朗上口的歌曲傳達出讓人省思的訊息，使歌迷們感覺彷彿就是在訴說他們自己的故事，尤其 20 多歲與 30 多歲的歌迷更有極深的感觸。

除了認真對待這些足以影響他們自己跟粉絲們的嚴肅問題之外，BTS 永遠不會忘記動人的歌曲是建構群眾魅力的第一步。他們精心製作的音樂提供了各種不同風格的歌曲，而且具有難以解釋的魅力，讓全球觀眾都為之瘋狂──從具有清楚雄偉概念的錄音室專輯，到具有高度實驗性質的單曲，或是讓人朗朗上口，具有感染力的流行音樂，甚至是夢幻般的民謠歌曲，專輯裡都應有盡有。

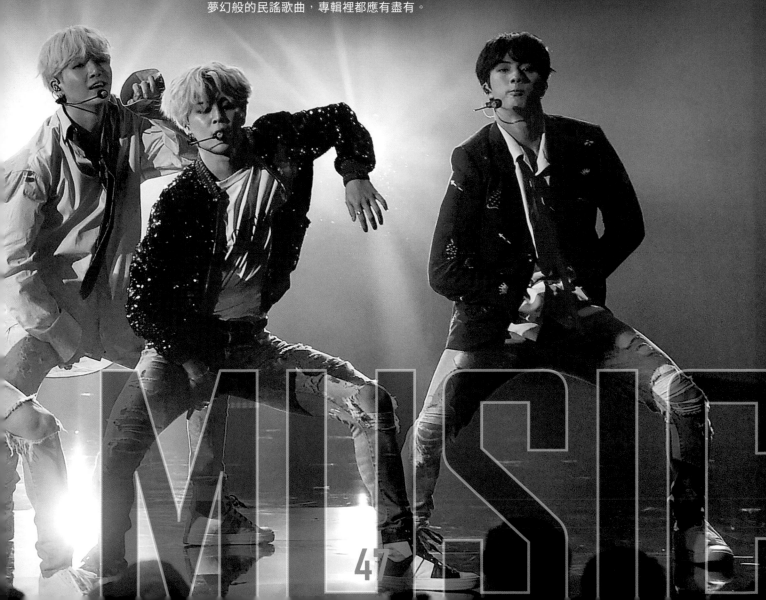

MUSIC

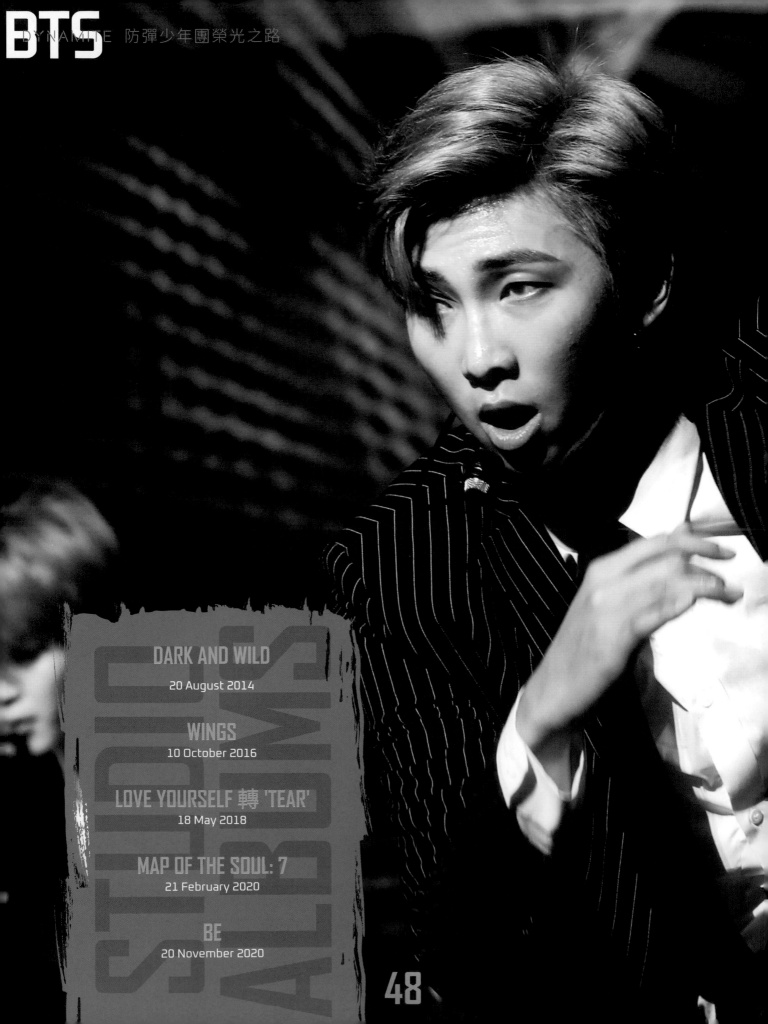

STUDIO ALBUMS

DARK AND WILD
20 August 2014

WINGS
10 October 2016

LOVE YOURSELF 轉 'TEAR'
18 May 2018

MAP OF THE SOUL: 7
21 February 2020

BE
20 November 2020

而且他們也是隨時準備好投入辛苦的工作，飛到世界各地去演奏他們的歌曲。根據《Pollstar》雜誌的統計，BTS 在 2019 年巡迴世界演出的票房收入，在所有藝人中排名第六，甚至超過了亞莉安娜‧格蘭德和保羅‧麥卡尼等音樂巨星。

BTS 可以說是所有 K-Pop 樂團中，最努力工作的團體之一，從他們出道之後短短的八年內，一共推出了九張錄音室專輯、四張合輯、六張迷你專輯跟 23 首單曲。而且每位團員都有個人表演或獨唱的作品。到 2018 年，防彈少年團已經售出超過 1000 萬張專輯，創下了自 2000 年以來，所有韓國藝人在最短時間內賣出最多唱片的記錄。到了今天，他們已經變成有史以來最暢銷的韓國藝人。

他們還同時發行了六張韓國跟日本的音樂專輯，另外還有一些合輯、重新發行的專輯跟數張迷你專輯。多年訓練下，靈活又熟練的技巧讓他們能夠輕鬆地製作出快節奏的嘻哈與電子舞曲，同時又能譜出深情款款的抒情式民謠。

傳統上 K-Pop 娛樂公司喜歡重新包裝並發行過去暢銷的專輯，因此音樂的年代順序可能會顯得有點混亂。檢視 BTS 過去發行的作品有一個不錯的方法，就是按照「專輯系列」的順序，因為這些專輯系列清楚地描述了專輯與單曲的特定促銷期，這些專輯與單曲會由一個核心主題串連，並且隨著他們不斷推陳出新發行新的作品，主題也會不斷發展跟改變。

防彈少年團在韓國發行的前三張專輯被稱為「學校三部曲」系列，這個系列為他們樹立了「高中壞男孩」的形象。2013 年時推出這個系列的第一張專輯，就是《2 Cool 4 Skool》，樂團的首張單曲〈No More Dream〉就是出自這張專輯。這首歌的歌詞試圖為年輕人發聲抗議，因為這個社會總是認為年輕人不該只想追求自己的夢想。

 2018 年 10 月 14 日，作為韓國總統到法國進行正式訪問的行程之一，防彈少年團在一場舉行於巴黎的韓國文化活動中登台表演。

〈We Are Bulletproof Pt 2〉是這張專輯中另一首出色的單曲，依然受到歌迷們熱烈的歡迎。然後 BTS 推出了兩張迷你專輯《O!RUL8,2?》以及《Skool Luv Affair》，主打歌曲是〈Boy in Luv〉，都在 2014 年發行。

同年，樂團發行了第一張錄音室專輯《Dark & Wild》，這意味著「學校」系列專輯的結束，男孩們則轉換到更成熟的歌曲主題。〈Danger〉and〈War of Hormone〉是這張專輯中最出色的單曲。專輯在韓國的最佳排名到達第二名，銷量超過 20 萬張。

妥著 BTS 又以全新的形象出現，並開始宣傳他們的下一系列專輯，「青春三部曲」系列，也被稱爲「花樣年華」系列（韓文中的 Hwa Yang Yeon Hwa，有時也縮寫爲 HYYH）。到了這個階段他們的風格跟聲音都開始改變，原本嘻哈音樂的特色變得較爲收斂；團員們拋棄了原本頹廢與壞男孩的外表，轉而採用更加斯文和年輕的外貌。

防彈少年團在 2015 年至 2016 年之間，分成三部分發佈了這一次的「HYYH」系列專輯，包括《花樣年華 pt.1》跟《花樣年華 pt.2》，並以《花樣年華 Young Forever》結束。整個系列的主題是關於從青少年過渡到青年的過程。雖然從字面上來看確實反映了樂團成員自己的成長歷程，但是音樂評論家們也認爲，這一系列的專輯代表著這七位音樂家正式進入了另一個更成熟的階段，同時他們的技巧也更爲優越。這一時期的熱門單曲包括〈I Need U〉、〈Dope〉和〈Run〉。

〈I Need U〉是一首真正改變 BTS 形象的曲目。整首歌帶給人多愁善感的情緒，確實很能讓年輕的主流觀衆引起共鳴。《告示牌》雜誌稱其爲「十年來最偉大的 K-Pop 歌曲之一」。它在韓國拿下排名第 5，並在韓國 SBS MTV 的「The Show」節目中贏得了他們的首座音樂節目冠軍。迷你專輯《花樣年華 pt.2》迄今爲止仍然是他們最熱門的專輯，在韓國每週公佈的 Gaon 音樂榜和《告示牌》世界專輯排行榜上名列前茅——這是第一張達成此目標的 K-Pop 專輯，它在排行榜上停留了 22 週。除此之外，它也出現在每週的美國《告示牌》專輯排行榜上，最高排名第 171 名。

 2019年12月6日，由第一資本金融公司主辦，102.7 KIIS-FM轉播，在洛杉磯所舉辦的Jingle Ball演唱會，防彈少年團的V登台表演。

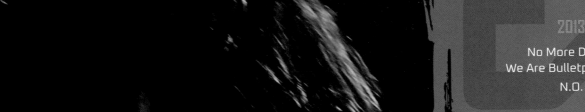

音樂製作

2013

No More Dream
We Are Bulletproof Pt 2
N.O.

2014

Boy In Luv
Just One Day
Danger
War of Hormone

2015

I Need U (#3 on Billboard Digital)
Dope
Run

2016

Epilogue: Young Forever
Fire
Save Me
Blood Sweat & Tears

2017

Spring Day
Not Today
DNA
MIC Drop (remix, Steve Aoki and Desiigner)

2018

Fake Love
Idol

2019

Boy with Love ft Halsey
Dream Glow (with Charli XCX)
A Brand New Day (with Zara Larsson)
All Night (with Juice Wrld)
Heartbeat
Make It Right ft Lauv

2020

Black Swan
ON
Dynamite
Life Goes On

經過幾年的辛苦經營，BTS 終於迎來了期待已久的全面勝利——2016 年 10 月，他們的第二張完整錄音室專輯《Wings》使他們登上了韓國專輯排行榜的榜首，第一周就賣出了 500,000 張。其中的主打單曲〈Blood Sweat & Tears〉，一經公開就在韓國八大排行榜上位居第一，而該曲的 MV 在 YouTube 上的點擊數，也在 24 小時之內就超過了 600 萬次，這是當年 K-Pop 組合的最高紀錄。

緊隨其後的是 2017 年的改版專輯《Wings》外傳：《You Never Walk Alone》，它重新包裝了兩首新單曲，〈Not Today〉和〈春日〉——許多粉絲認爲這是 BTS 有史以來最好的唱片之一。

接下來 BTS 推出了《Love Yourself》的新系列故事，這個系列包括三張專輯以及一段專輯預告影片，第一張專輯講述一個愛情故事《Love Yourself 承 'Her'》，然後無奈地走向分手《Love Yourself 轉 'Tear'》，最後意識到必須先愛自己才能成功地愛另一個人《Love Yourself 結 'Answer'》。

2017 年 9 月發行的專輯《Love Yourself 承 'Her'》讓 BTS 征服西方主流的流行音樂排行榜，也讓他們終於在西方音樂世界獲得了遲來的認可。這張專輯催生了 BTS 有史以來

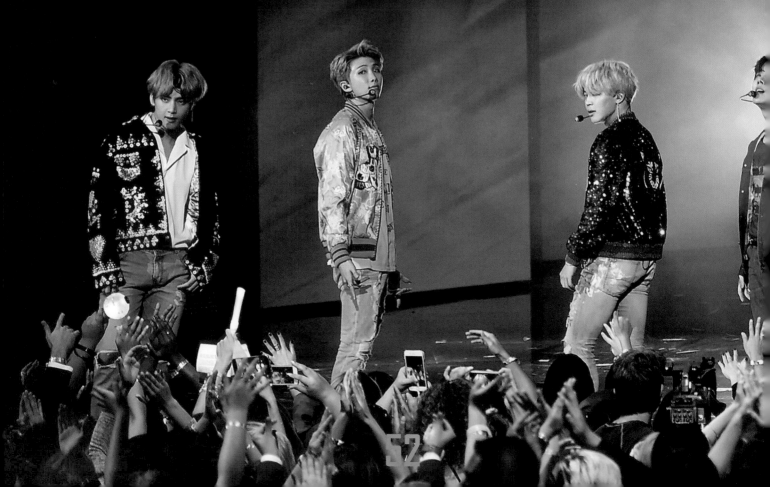

2017年11月19日於美國洛杉磯微軟劇院，防彈少年團在2017年全美音樂獎頒獎典禮登台表演。

最值得紀念與最暢銷的單曲〈DNA〉，這首歌曲朗朗上口又洗腦的旋律，使 BTS 首次進入美國《告示牌》百大單曲榜，首次排名第 85 名，隔週晉升至第 67 名，同時公佈的 MV 也打破了先前由其他 K-Pop 組合所創下的 MV 觀看次數記錄，單單在前 24 個小時內，YouTube 的瀏覽量就超過 2000 萬人次。

後續單曲〈MIC Drop〉（Remix）在美國《告示牌》百大單曲榜中排名第 28，成爲樂團第一首進入美國排行榜前 40 名的歌曲，也是第一次有 K-Pop 藝人奪得此一佳績。〈MIC Drop〉（Remix）和〈DNA〉都被認證爲金唱片，而〈MIC Drop〉更繼續成爲白金唱片，這又是 BTS 的另一個首創，成爲第一個擁有白金唱片的韓國藝人團體。

《Love Yourself》三部曲的第二張專輯是《Love Yourself 轉 'Tear'》，這張專輯的主題描述了跟「她」的戀情結束。這張專輯內共有 11 首歌曲，整體曲風在民謠和情緒搖滾（EMO）流行音樂之間轉換，內容主題則涵蓋了愛情的終結與離別的悲傷失落。這張專輯讓樂團的每一位成員都有充分表演的機會，而且比以往更注重饒舌的部分。它獲得許多音樂評論家的一致好評，認爲 BTS 的聲音已經非常成熟與完整。專輯內的單曲〈Fake Love〉大受人們歡迎，並讓樂團在美國第一次拿下專輯榜排行第一名，這絕對是 BTS 的重大成就之一，同時這也是有史以來第一個獲得此一殊榮的 K-Pop 團體。

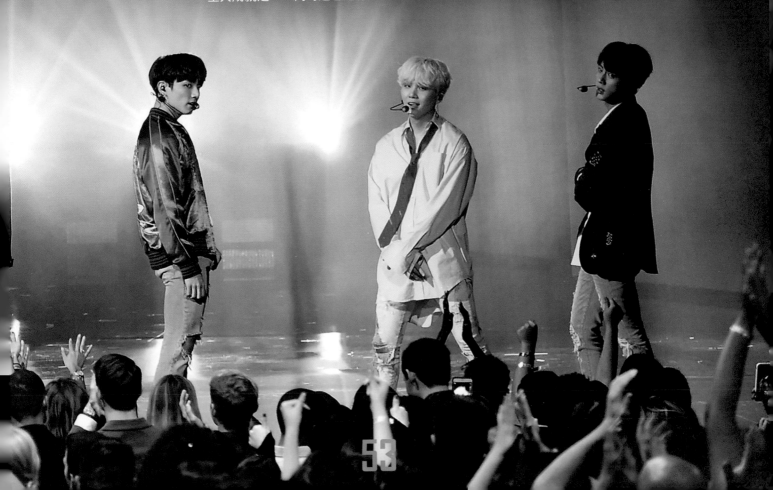

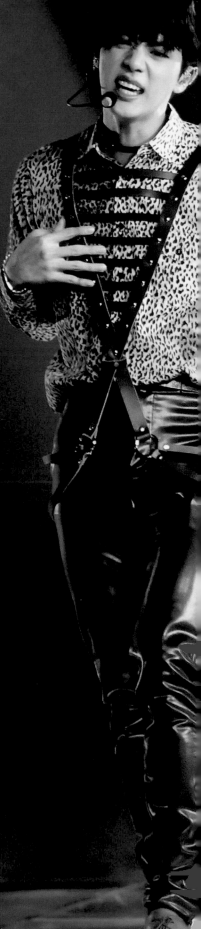

這個系列的終章是《Love Yourself 結 'Answer'》，其中的主打歌〈IDOL〉是一首非常暢銷的單曲。這張專輯讓樂團的成員們從心中產生了真正的共鳴。當 RM 唱出：「你可以叫我藝術家，也可以叫我偶像。或者任何你喜歡的名稱，但是我一點都不在乎！」他的評語代表著樂團成員們對於他人的意見以及貼在他們身上的標籤感到厭惡，因為更重要的是他們了解並且深愛自己。這首歌也被認為他們試圖洗刷過去亞洲偶像樂團所背負的污名，就像西方社會普遍譴責過度包裝與商業化的偶像男子樂團一般。這一次他們又成功地在美國拿下排行榜第一名。

這三張專輯在商業上都可說是相當地成功，並且幫助樂團開始獲得國際歌迷的認可。BTS 不但打破了他們自己所創造的 YouTube 播放記錄，並且與數名西方巨星合作，包括妮姬·米娜、迪贊納和史蒂芬·青木等等。

到了 2019 年，團員們開始錄製下一個系列《Map of the Soul》的專輯。首先推出的是 2019 年 3 月的迷你專輯《Map of the Soul: Persona》，該專輯為樂團提供了另一首熱門單曲〈Boy With Luv〉，這首歌是 BTS 跟美國歌手海爾希合作的歌曲，獲得了白金銷量跟創紀錄的 YouTube 播放次數。

這張專輯中還有與紅髮艾德共同創作的〈Make it right〉，以及在演唱會上最受歡迎的〈Dionysus〉和〈Mikrokosmos〉，這兩首風格截然不同的歌曲，從重金屬風格轉換到柔和而情緒化的民謠，正是樂團創作能力具有深度與廣度的最有力證明。這也是韓國有史以來最暢銷的專輯，並且讓該樂團首次在英國獲得專輯排行榜第一名——他們是第一個實現此一目標的韓國樂團。美國的暢銷程度也不遑多讓，這是他們在不到 12 個月的時間裡，第三張登上排行榜榜首的專輯。

保持這樣的發行速度並不是一件容易的事。但是 BTS 做到了！他們在 2020 年 2 月發行了下一張專輯《MAP OF THE SOUL : 7》，這是該樂團的第四張錄音室專輯。這對樂團來說具有特別的意義，專輯名稱中的「7」其實帶著多種不同的含義，不但代表著樂團的七名成員，也因為到了此時他們已經成軍七年了，這張專輯稱得上是一本回憶錄。《滾石》雜誌對這張專輯的評論，將其描述為「一鳴驚人，充滿了音樂風格的不同嘗試，但是卻又完美地將各種元素融合在一起……這是他們最令人震撼的一張專輯，展示出他們對不同流行風格的清楚掌握，從輕快的饒舌說唱到前衛的音樂組合。」

這張專輯裡有兩首暢銷單曲〈Black Swan〉跟〈ON〉，在專輯發行後的第一周就售出超過 410 萬張。這使 BTS 搖身一變成為傳奇性的樂團，也晉身為韓國歷史上銷售成績最佳的藝人，並再次於全球 20 多個國家／地區獲得排行榜第一名的佳績，包括美國、英國、歐洲大部分國家、澳大利亞以及加拿大。

他們創作第五張錄音室專輯《BE》的時間點，恰巧全世界陷入了一個詭異的狀況—— Covid-19 的疫情大流行。當全世界都在與病毒進行搏鬥時，時間彷彿都暫時停止了。防彈少年團的男孩們原本希望在預定的世界巡迴演唱會上，風光地度過這一年，卻突然發現自己多出了不少空閒的時間。於是他們開始寫出疫情隔離對人們的影響；〈Fly to My Room〉的歌詞寫著「整年都被偷了」，儘管這張專輯的主旨當然是「Life Goes On（生活必須繼續）」

「我們稱這段時間是我們自己的『充電時間』，我們也希望它能夠為你的生活充電，即使只是短短片刻。」RM 對《新音樂快遞》雜誌這樣說。

2020 年 9 月，BTS 與 A 咖傑森以及 Jawsh 685 合作，以〈Savage Love〉的混音重唱版本拿下第二次的排行榜冠軍。不過到了 2020 年 12 月，單曲〈Life Goes On〉才成為BTS 第二首真正獨自拿下美國《告示牌》排行榜冠軍的歌曲。

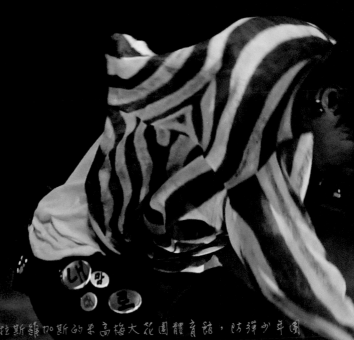

2018年5月20日，在拉斯維加斯的米高梅大花園體育館，防彈少年團在當地舉行的2018年美國《音示牌》音樂獎頒獎典禮上登台演出。

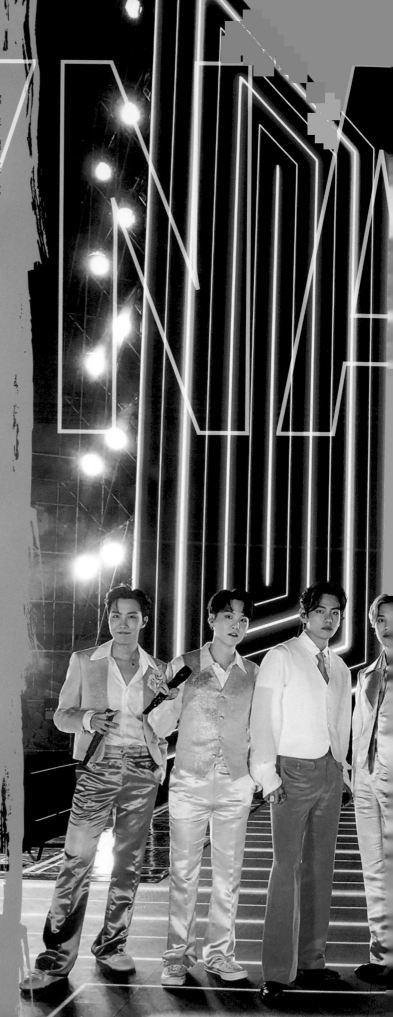

儘管他們在美國和英國的專輯排行榜上都取得了空前的勝利，但是一直到 2020 年的夏天，樂團才終於達成一項重要的目標——獲得美國《告示牌》百大單曲榜跟英國官方流行音樂排行榜上的冠軍。他們好不容易才達成這個值得大肆慶祝的里程碑，而且是靠著〈Dynamite〉這首具有特殊風格的單曲才得以成功。

樂團的首支英語單曲〈Dynamite〉，在 2020 年 8 月 21 日發行之後沒幾天就打破了許多記錄。它不僅成爲 2020 年美國最暢銷的線上數位歌曲，下載量超過 126 萬次，而且在美國跟英國的單曲排行榜都取得絕佳成績。這支單曲的 MV 採用復古的風格，影片裡特別安排讓七名 BTS 團員穿著鮮豔的粉彩服飾，在影片上線之後的 24 小時內，在 YouTube 上的觀看次數就達到了 1.01 億次，並且以超過 300 萬的觀看人數，成爲 YouTube 平台有史以來最高的首映紀錄。

這首輕快的歌曲深受迪斯可流行舞曲的影響，跟原本樂團拿手的嘻哈風格完全不同。它的歌詞特別強調對於讓生命更有價值的小事，應該要由衷地感到喜悅與感恩——他們所試圖傳達的訊息，跟 2020 年世界處於 Covid-19 大流行的氣氛相呼應。

防彈少年團表示，他們希望這首歌傳達出「積極正面的氣氛、能量、希望、喜愛、純潔，以及一切善的事物」，根據報導，當他們聽到這首歌登上《告示牌》百大單曲榜的冠軍時，他們激動地淚流滿面，因爲他們是全韓國流行音樂史上第一個達成此目標的藝人團體。

Jimin 說「當時眼淚不停地流下來」，他在一條 Twitter 推文中補充說，他那時候「完全不知道該說什麼。」

他還特別感謝他們的粉絲們，也就是大家所熟知的 ARMY，並且說：「我現在完全不知所措，但是我知道是你們讓這一切『發生』」。至於 SUGA，他則只是發佈了一大串哭泣的表情符號。

 2020 年 11 月 22 日，BTS 在韓國線上參與 2020 年全美音響獎頒獎典禮，並且直播表演。

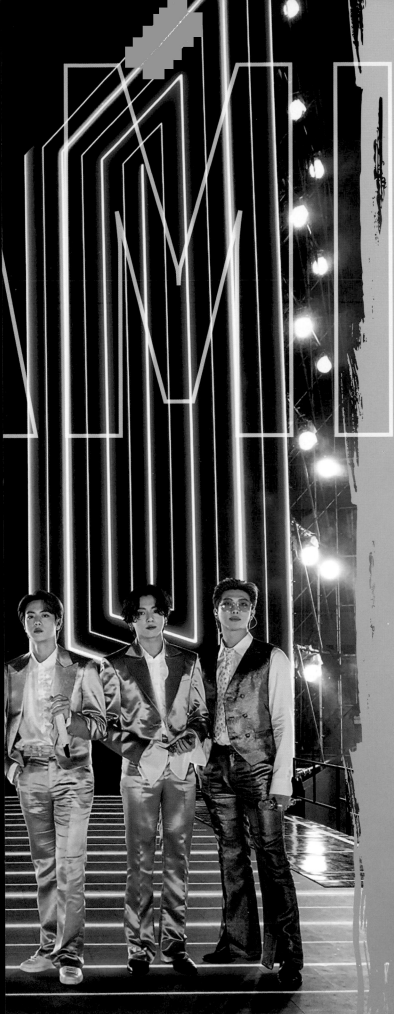

〈Dynamite〉發行後短短一個星期，就在美國達成 3390 萬次線上播放的紀錄，並且空降《告示牌》百大單曲榜獲得冠軍。幾分鐘之內，#BTS1onHot100 和 #BTS_Dynamite 這兩種主題標籤就開始流行，粉絲們用祝賀的訊息淹沒了其他的主題標籤。

最後甚至連韓國總統文在寅也加入慶賀他們成功的行列之中，稱男孩們取得了「輝煌的成就」。

至於 BTS 團員們的回應則是：「首先，我們把所有的功勞都歸功於 ARMY ——如果不是他們從第一天開始就不斷地支持跟愛護我們，防彈少年團就沒辦法走到這一步。創作〈Dynamite〉的初衷，就是希望能夠為人們帶來一些充滿活力的能量，這是全世界比過去任何時候都更需要的正面力量。如果它能讓某個人感到更快樂，那對我們來說就心滿意足了。」

除了在英國跟美國取得前所未有的成功之外，這首歌還在全球其他 25 個國家進入前 20 名，包括匈牙利、以色列、立陶宛、馬來西亞、蘇格蘭、新加坡，當然還有樂團的祖國韓國。

〈Dynamite〉這首單曲是少數由非樂團成員所創作跟編製的歌曲之一，它是由英國詞曲作者大衛·史都華和潔西卡·阿根巴所共同創作，他們一聽到 BTS 希望發行一首英文單曲之後，就積極爭取參與其中。

這首歌因為充滿熱情的活力跟積極的情緒，受到全世界歌迷的一致好評，並且大受歡迎。正如《紐約時報》在他們的評論中所說：「⋯⋯雖然它在音樂上的獨創性比不上讓該樂團聞名世界的其他歌曲，但是它的成功，完全依賴於歌曲的正向力量、積極活力，以及不間斷的熱情歡呼。」

另一位評論家將這首歌描述為「就像被摔角選手重重一擊⋯⋯絕對是 2020 年最吸引人的歌曲之一。」

這首歌本來打算以單曲形式單獨發行，後來才被整合到迷你專輯《BE》裡頭。

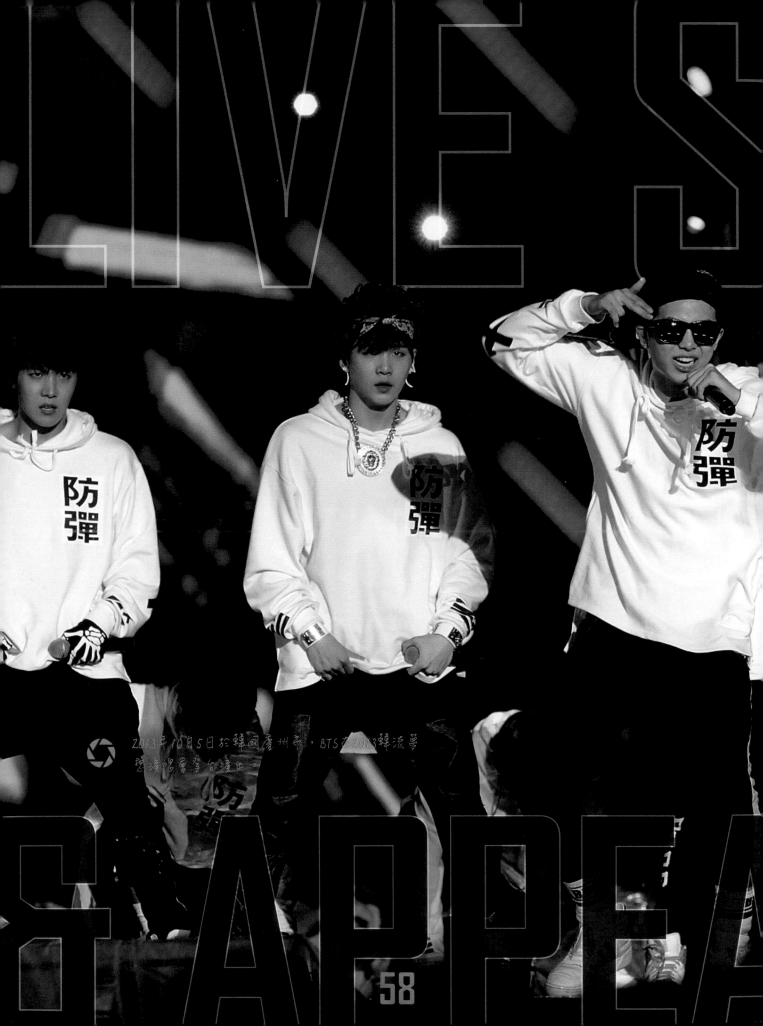

2013年10月5日於韓國廣州市，BTS在2013韓流夢
想演唱會登台演出。

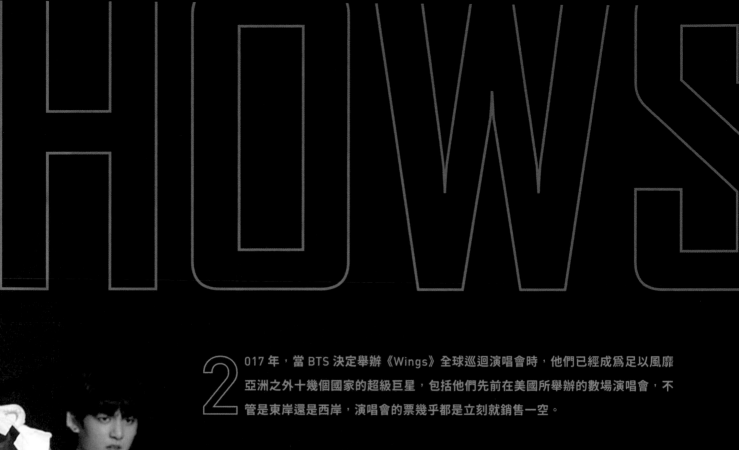

2017 年，當 BTS 決定舉辦《Wings》全球巡迴演唱會時，他們已經成為足以風靡亞洲之外十幾個國家的超級巨星，包括他們先前在美國所舉辦的數場演唱會，不管是東岸還是西岸，演唱會的票幾乎都是立刻就銷售一空。

當 BTS 從 2018 年的《Love Yourself》世界巡迴演唱會返回美國之後，他們就開始舉辦越來越多的大型演唱會。2018 年 10 月，他們在紐約創造了歷史，成為第一個在美國體育館演出的韓國樂團。在擁有超過 40,000 個座位的紐約花旗球場所舉行的演唱會，門票在短短 10 分鐘內就宣布售罄！

在英國《新音樂快遞》雜誌所寫的活動回顧中，瑞安・戴利對這次現場演唱會的描述是：「這場在體育館所舉行的演唱會，絕對稱得上是經典的壯觀場面——連續的華麗熱情舞蹈、閃亮的炫目服裝變化，還有耀眼奪目的煙火跟特效。」

她接著對粉絲的表現也加以稱讚，將演出的氣氛描述為「表現出包容與平等，而且充滿了愛……樹立了一個絕佳的榜樣，讓大家知道如何跨越體育館的圍牆，創造出一個更美好的世界。」

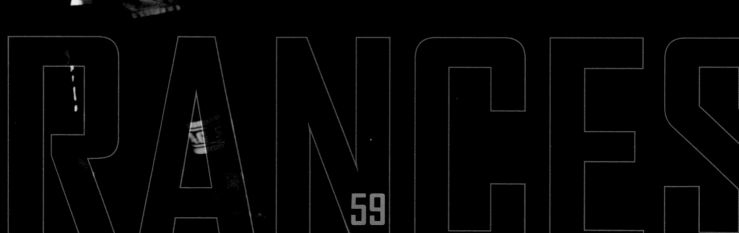

2017年11月19日，在洛杉磯微軟劇院舉行的2017年全美音樂獎
頒獎典禮上，防彈少年團在舞台上表演了〈DNA〉這首新歌。

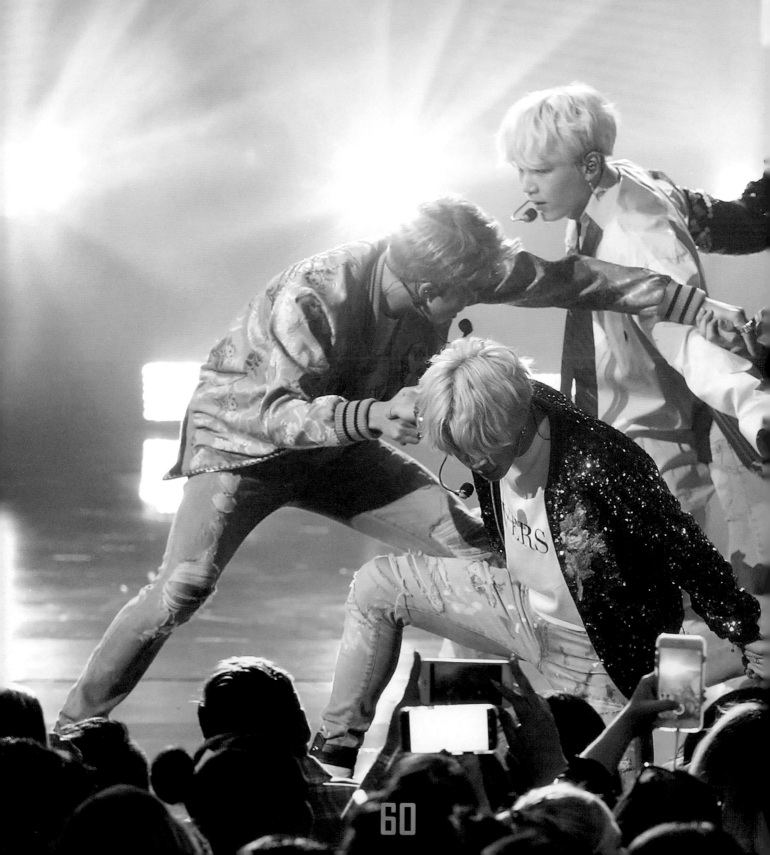

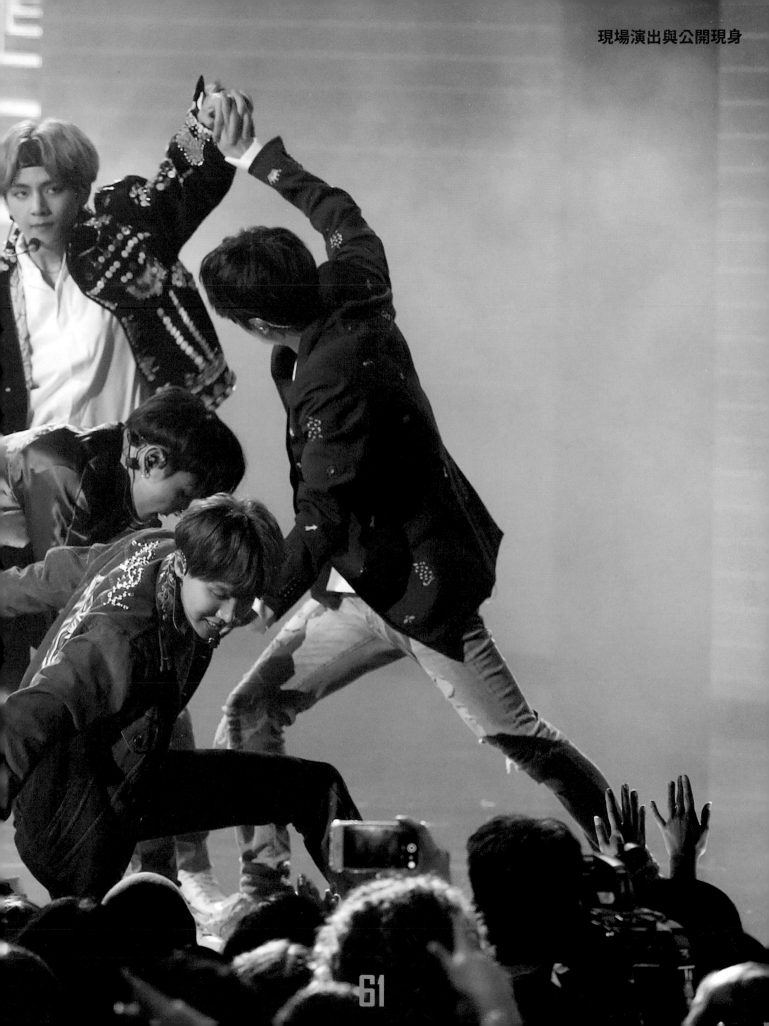

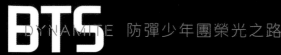

她或許也發現了他們能夠獲得全球歌迷喜愛的成功秘訣，文中寫道：「……即使你不明白他們實際上在說什麼，但是他們唱歌的節奏往往就足以吸引你的注意。」

就在那一次的巡迴演出中，BTS 第一次踏上了英國的領土，他們在 The O2 Arena（O2 體育館內）一共表演了兩個晚上。儘管這是他們的首次英國之旅，但是他們在演唱會上所發出的線上推播，證明了這是該場地有史以來最受歡迎的一場演出。O2 的 Twitter 官方帳號在線上宣布這次演唱會一共收到了超過 14,000 次的轉發，以及 32,000 個 Like，創造了 949,304 次印象。這兩場演唱會的門票都在一個小時內售罄。而當天他們在體育館演唱時，BTS 又打破了另一項紀錄，現場所銷售的商品比任何其他藝人都多──傳奇的滾石樂團從 2012 年以來所保持的紀錄被他們輕易地打破了。

隔年，BTS 於 2019 年 6 月回到英國，再度成功地帶來了兩場完售門票的演出，同時又打破了另一項紀錄，成為第一個韓國樂團，以及第一個非英語系國家出身的團體，在擁有超過 70,000 個座位的溫布利球場舉行演唱會，並且連續兩晚登上新聞頭條。

正如 RM 在現場時對人群所說：「英國對我來說就像一堵巨大的牆。但是今晚我們聚在一起，打破了這座阻礙我們的牆！」當然，他感謝所有的歌迷，並且告訴他們：「你們才是我們值得活下去，並且繼續前進的真實證據。」

SUGA 跟 Jimin 也都表示認同，他們告訴觀眾，溫布利球場對他們具有非常重要的意義，這樣的「夢想舞台」都是因為歌迷們的熱情才能出現。V 談到了他對英國文化的熱愛，尤其是電影、歌曲和流行時尚，而 J-Hope 則說他很慶幸自己成為了「某人的最愛，某人的驕傲」。Jin 談到他曾經看過皇后樂團的傳記片《波西米亞狂想曲》，他跟 Jungkook 帶領人群，以他們的方式演唱佛萊迪·墨裘瑞最著名的「ay-oh」大合唱，並吶喊著：「Ey London!」

 2014年8月19日，防彈少年團在韓國首爾的藍色廣場，為第一張專輯《Dark & Wild》的發行登台演出

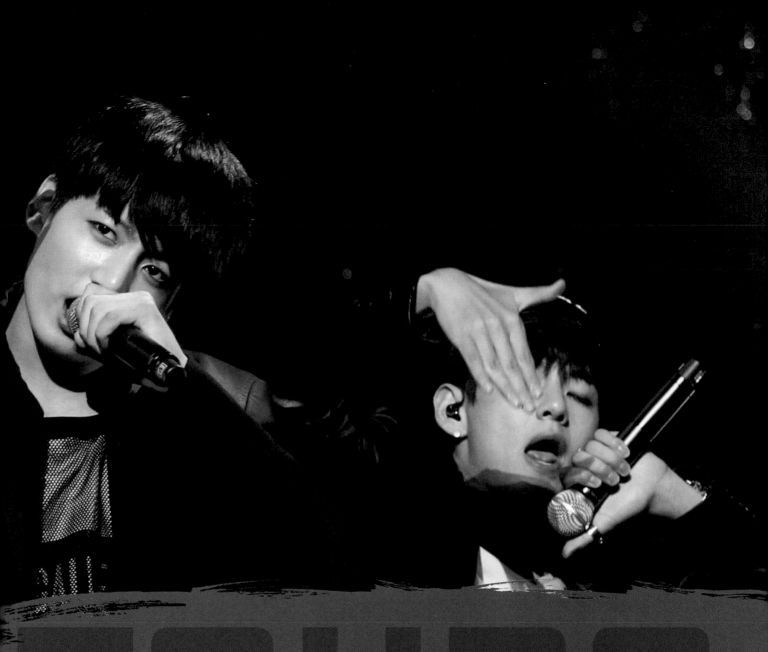

《THE RED BULLET TOUR》 於 2014 年 10 月 17 日至 2015 年 8 月 29 日舉辦，共有在亞洲、澳洲、北美、南美的 22 場演出

《WAKE UP: OPEN YOUR EYES JAPAN TOUR》 於 2015 年 2 月 10 日至 2015 年 2 月 19 日舉辦，共有在亞洲的 6 場演出

《THE MOST BEAUTIFUL MOMENT IN LIFE ON STAGE TOUR》 於 2015 年 11 月 27 日至 2016 年 8 月 14 日舉辦，共有在亞洲的 22 場演出

《THE WINGS TOUR》 於 2017 年 2 月 18 日至 2017 年 12 月 10 日舉辦，共有在亞洲、南美、北美、大洋洲的 40 場演出

《LOVE YOURSELF WORLD TOUR》 於 2018 年 8 月 25 日至 2019 年 10 月 29 日舉辦，共有在亞洲、北美、歐洲、南美的 62 場演出

由於新冠病毒的大流行，原定於 2020 年 4 月所舉行的 《MAP OF THE SOUL WORLD TOUR》 宣布暫停。

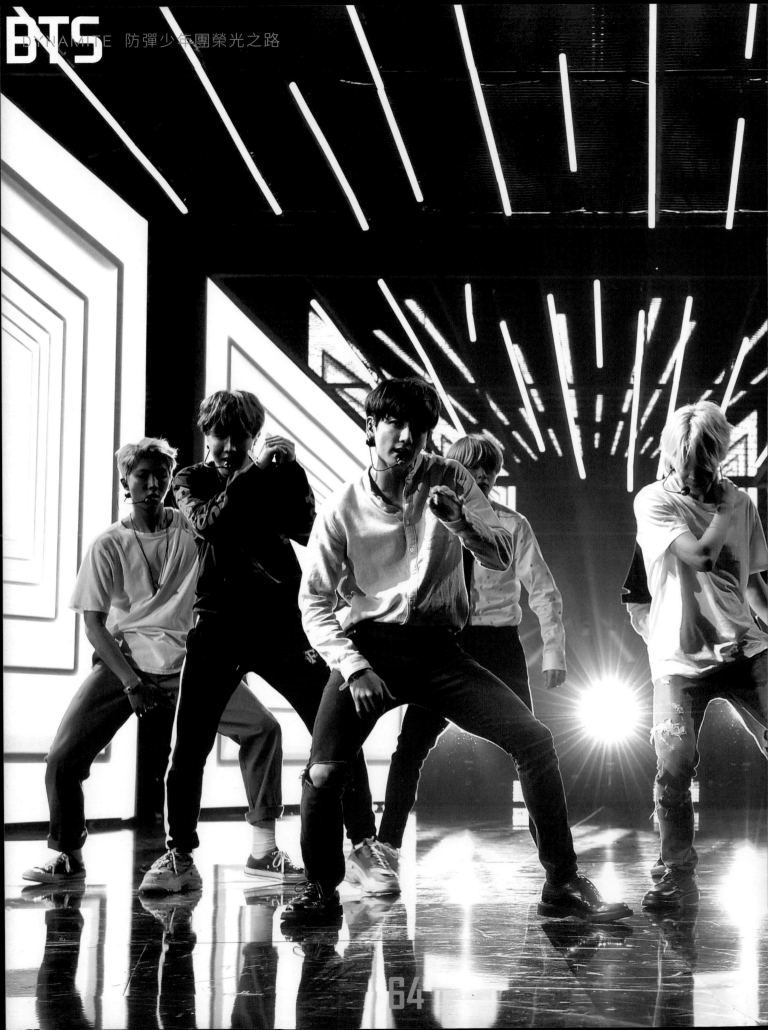

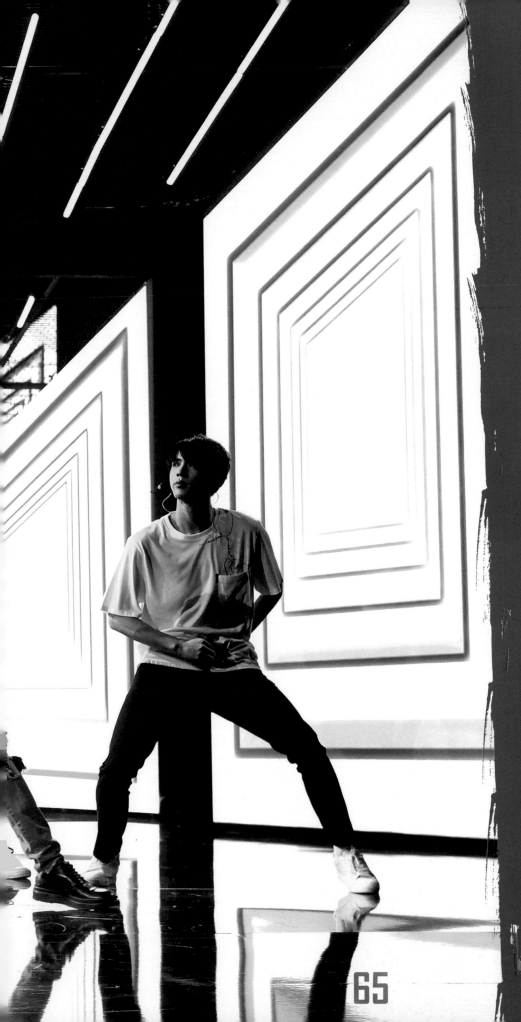

Dionysus

Not Today

Outro: Wings

Trivia: Just Dance
(J-Hope 獨唱)

Euphoria
(Jungkook 獨唱)

Best of Me

Serendipity
(Jimin 獨唱)

Trivia: Love
(RM 獨唱)

Boy with Luv

Dope

Silver Spoon

Fire

Idol

Singularity
(V 獨唱)

Fake Love

Trivia: Seesaw
(SUGA 獨唱)

Epiphany
(Jin 獨唱)

The Truth Untold
(Jin, Jimin, V and Jungkook)

Outro: Tear
(SUGA, J-Hope and RM)

MIC Drop

Encore

Anpanman

So What

Make It Right

Mikrokosmos

2017年11月17日,於洛杉磯
微軟劇院進行的2017年全
美音樂獎頒獎典禮彩排。

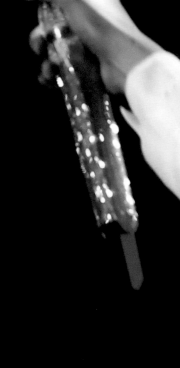

除了整個樂團一起進行的表演之外,每一位防彈少年團的成員,都能完美地獨力上場表演。他們每個人都曾錄製屬於自己的表演內容,同時也能在樂團的現場表演中,展現他們驚人的個人才華。

舉例來說,在他們最後一次的巡迴演出中:

- RM 結合了 RAP 與說唱的技巧,獨自演唱了〈Trivia 承 : Love〉。
- SUGA 用 RAP 的方式,流暢地獨唱〈Seesaw〉這首歌。
- J-Hope 在〈Just Dance〉的表演中,展現了他精力十足的舞蹈。
- Jin 坐在鋼琴前,邊彈邊唱〈Epiphany〉這首單曲,流暢地展現自己寬廣的音域。
- Jimin 邊跳邊唱他的個人熱賣單曲〈Serendipity〉。
- V 依照〈Singularity〉這首歌拍攝 MTV 時的概念,跟一群戴著白色面具的伴舞團,表演他流暢又深情的慢速舞曲。
- Jungkook 利用高空滑索從人群的上方飛過,並以完美的嗓音演唱了流行歌曲〈Euphoria〉。

早在 BTS 成團之前,男孩們就已經在錄音室裡練習各種不同的表演方式,其中 RM、SUGA 和 J-Hope 都曾錄製他們個人的混音帶。

在 2015 年 3 月,RM 與著名的饒舌歌手華倫 G,合作發行一首名為〈P.D.D.〉(請不要死)的單曲,接著他又發行了第一張同名獨奏混音帶《RM》,隨後在 2018 年發行個人作品《Mono》。

在 Agust D 這張個人混音帶中,SUGA 利用 RAP 的方式,唱出他希望可以克服仇恨跟心理健康的問題,也提到成名的代價以及他與憂鬱症、強迫症的奮戰過程。J-Hope 也曾以 RAP 歌手的身份發展,並在 2018 年推出引人注目的首張個人專輯《Hope World》,在告示牌二百大專輯榜中曾進入前 40 名。

Jin 和 V 曾一同錄製韓國歷史劇《花郎》的原聲帶,V 並在劇中擔任配角。

加入防彈少年團之後,Jimin 已經發行了三首個人歌曲:〈Lie〉、〈Serendipity〉和〈Filter〉。這三首獨唱曲目讓 Jimin 成為第一位在 Spotify 上,以獨唱歌曲達到 1 億次播放的韓國藝人。

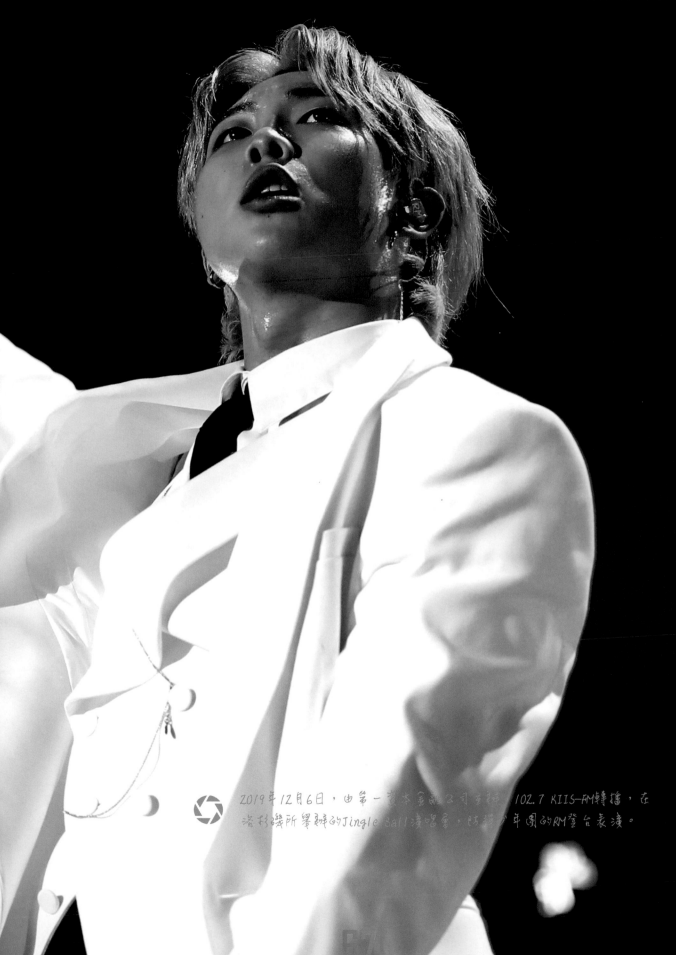

2019年12月6日，由第一資本金融公司主辦、102.7 KIIS-FM轉播，在洛杉磯所舉辦的Jingle Ball演唱會，防彈少年團的RM登台表演。

2017 年時，BTS 首次在美國無線電視網的電視節目上現身，當時他們剛獲得美國《告示牌》音樂獎的最佳社群媒體藝人獎。從那時起，他們就經常出現在各種娛樂跟聊天節目中，包括：《今夜娛樂》、詹姆斯·柯登的《深夜秀》、《吉米夜現場》、吉米·法倫的《今夜秀》、《走進好萊塢》、《艾倫·狄珍妮秀》、《美國達人秀》、《早安美國》、《美國好聲音》決賽跟第 61 屆葛萊美獎頒獎典禮。

至於英國的電視節目，他們則曾經出現在《葛雷漢·諾頓秀》、《英國達人秀》、《早安英國》，以及英國獨立電視網、BBC 和天空新聞頻道。

他們在這些採訪節目中都表現得很不錯，並且參加了詹姆斯·柯登所主持的《車上卡拉OK》，以及著名的實境秀節目《忍功大挑戰》，其中還有一幕是團員們得要在被水果砸中時，依然忍耐著並站好不動。另外他們還跟吉米·法倫一起去紐約搭地鐵旅行，並且

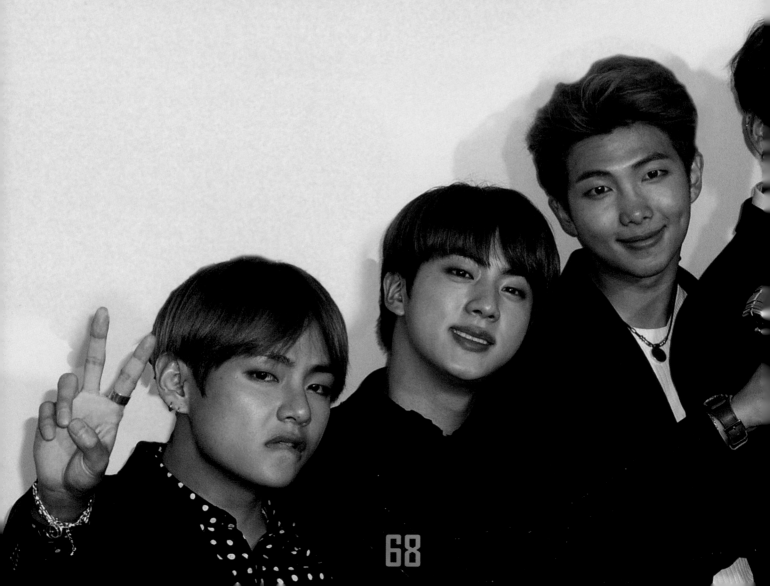

在中央車站即興表演。雖然 RM 作為樂團的領隊兼翻譯，對外可以代表其他人發表談話，但是團員們也都開始學習幾句簡單的英語對話，不但可以自我介紹，而且足以理解其他採訪者所說的話，跟大家玩在一起。

2021 年 2 月 23 日，他們登上美國著名的演唱會節目《MTV 原音重現》，進行了一場特別的原音演唱會，其中包括一些未曾出現過的熱門歌曲版本，獲得了極大的迴響。

 2017年5月21日，BTS參加在拉斯維加斯G9T-Mobile體育館所舉辦的2017年全美音響獎頒獎典禮，他們在後台的新聞發布室擺出超酷的姿勢。

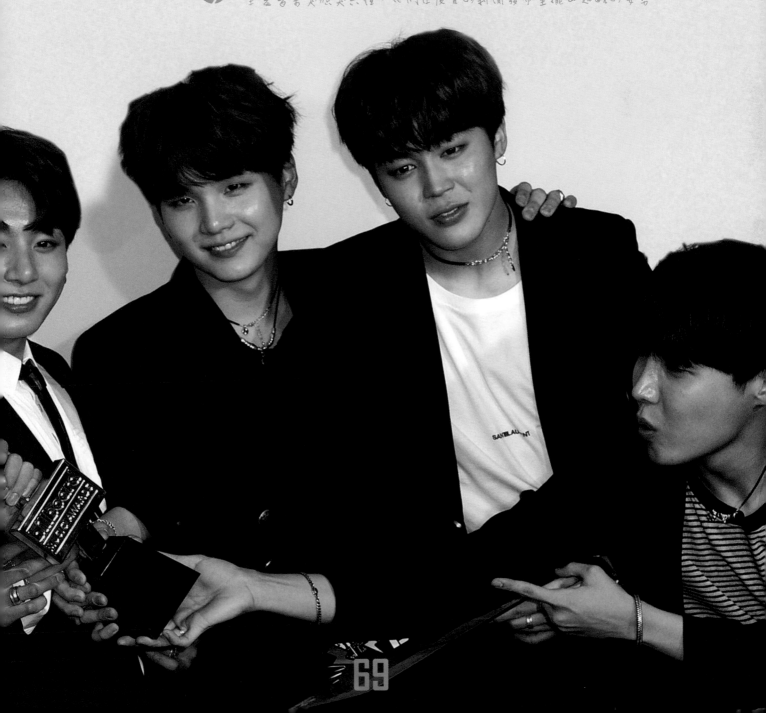

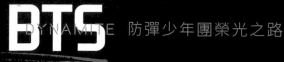

樂評們的看法……

對於 2018 年 10 月 BTS 到紐約花旗球場的精彩演出，英國《新音樂快遞》雜誌的作家瑞安．

戴利發表了一篇熱情洋溢的評論，她真誠地向這個韓國著名 K-Pop 樂團所傳達的「愛的爆發」表達敬意，

因為她看到他們不斷強調善良、包容和同理心的重要性。「（他們是）第一個真正感動全球觀眾的韓國組合

——不需要太多的言語溝通或是向西方潮流過度靠攏，他們實際上示範了流行文化的持續影響力；

因為跟先前幾代的人們相比，年輕人對於身心健康和自我保護有了更深入的體認。」

對於 BTS 在 2018 年 10 月到 O2 體育館舉行的演唱會，英國《獨立報》也發表了他們的看法，

該評論中認為這個樂團具備了麥可．傑克森跟辣妹合唱團的精神，並且表示……「BTS 是歷史上第一個在英國

大肆宣傳並且舉行演唱會的韓國藝人，他們成功抓住了這次的表演機會……該團體的成員們賣力地跳舞跟歌唱，

連續表演了將近 30 首歌，不但有歌迷們最喜愛的歌曲，也包括數首鮮少公開演唱的好歌。」

「跟前輩們相對讓人感到陌生的活動相比，他們結構緊湊的表演就像是一場戰鬥一樣。

每個步驟都環環相扣，不曾出錯。他們在舞台上的每分鐘都在拼命地表演——每個動作彷彿都誇大到不可思議。

無論這是不是因為我們太過開心所以感覺他們的一舉一動都被放大，但是這畫面絕對在我們的心裡

留下了最榮耀的印象，並且將被傳遞到熱愛 K-Pop 文化的人們心中。」

2018年5月20日，在拉斯維加斯的米高梅大花園體育館，防彈少年團
在當地舉行的2018年美國《告示牌》音樂獎頒獎典禮上登台演出。

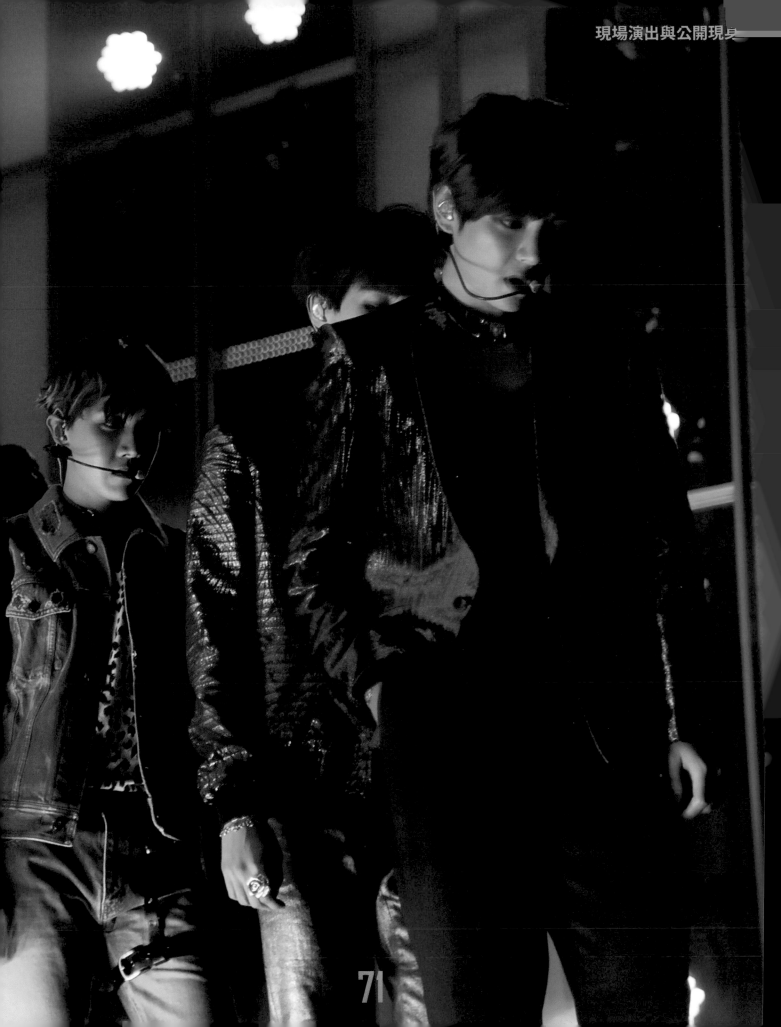

2017年11月17日，於洛杉磯微軟劇院進行的2017年全美音樂獎頒獎典禮彩排。

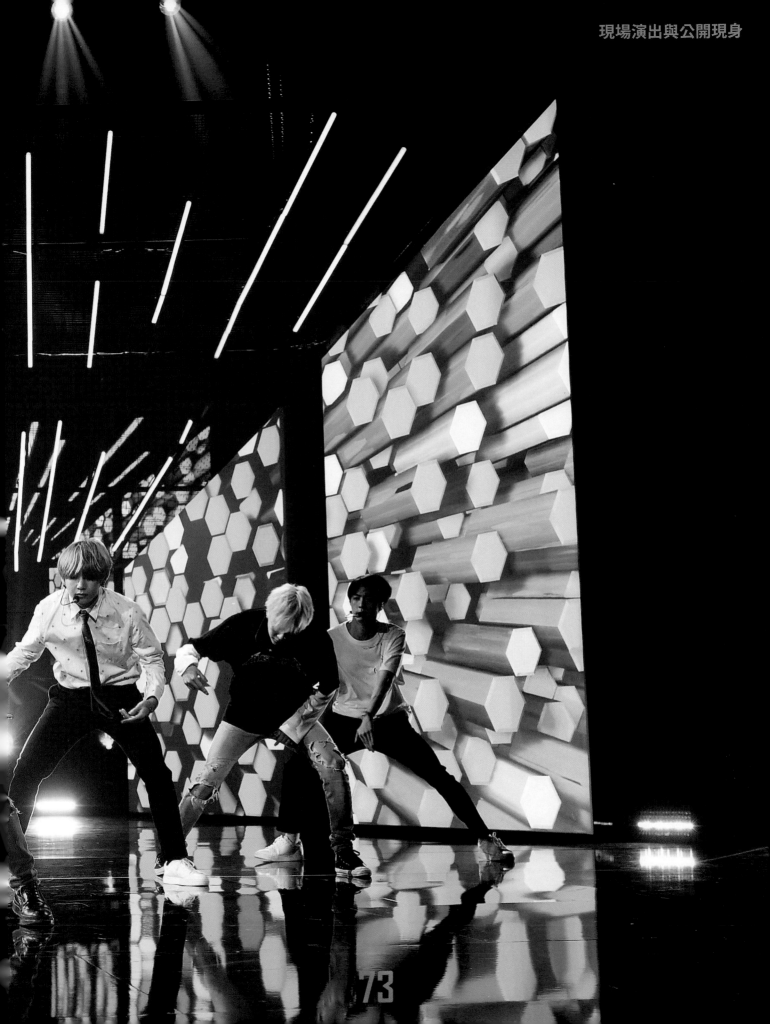

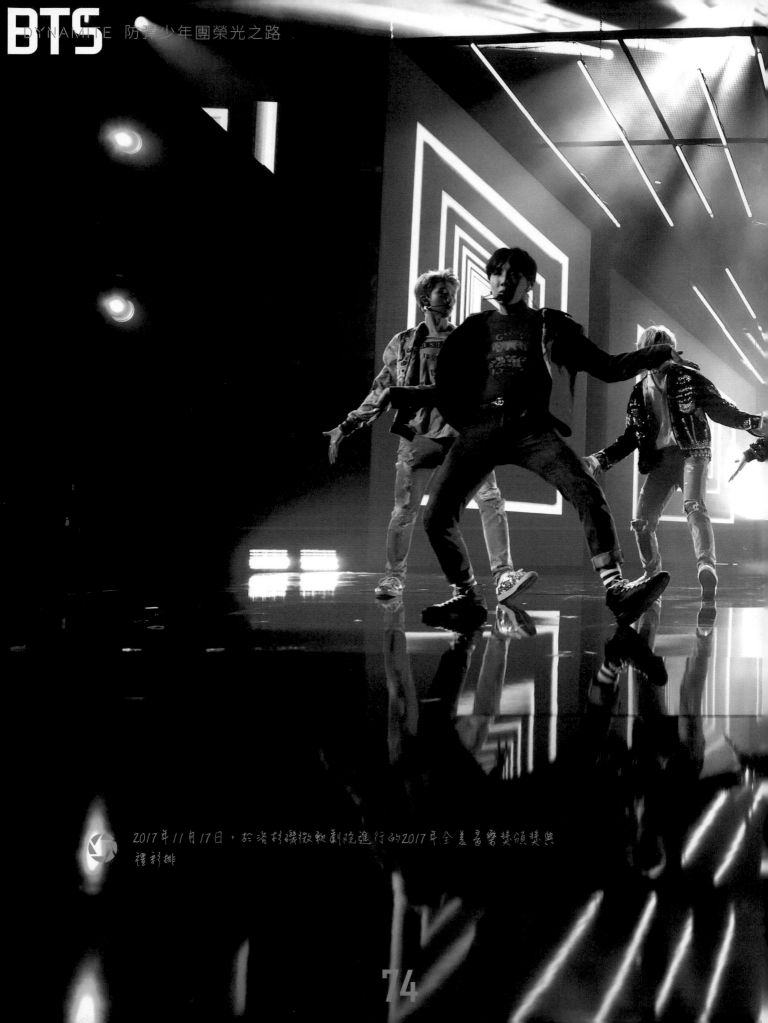

2017年11月17日，於洛杉磯微軟劇院進行的2017年全美音樂獎頒獎典禮彩排

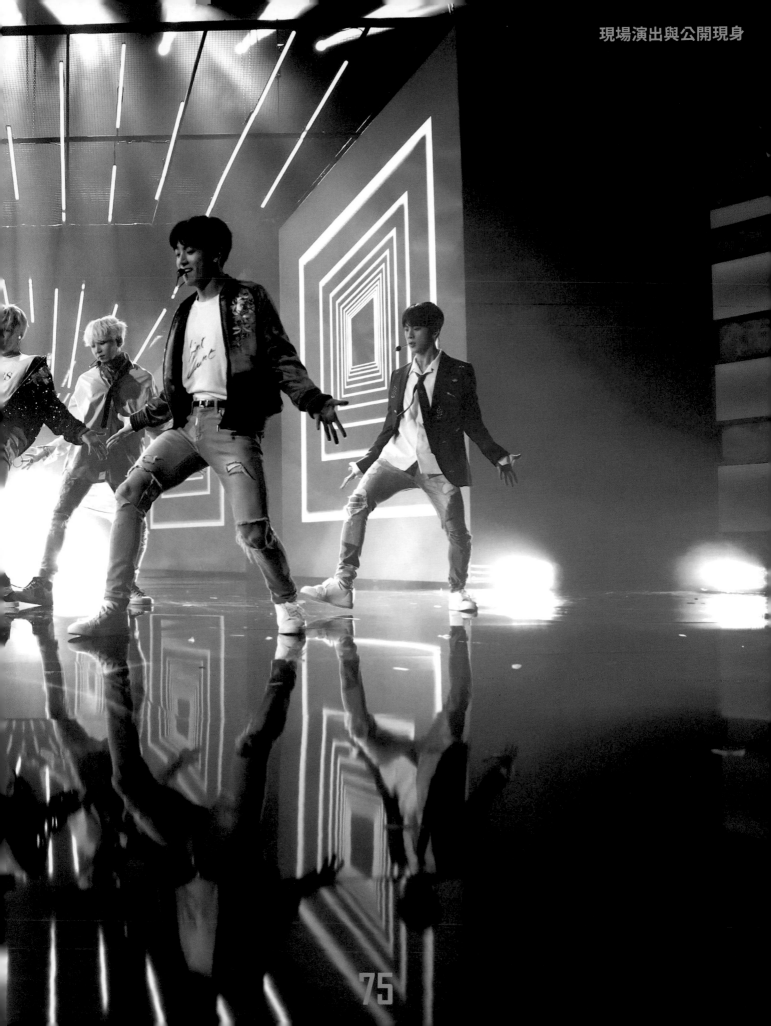

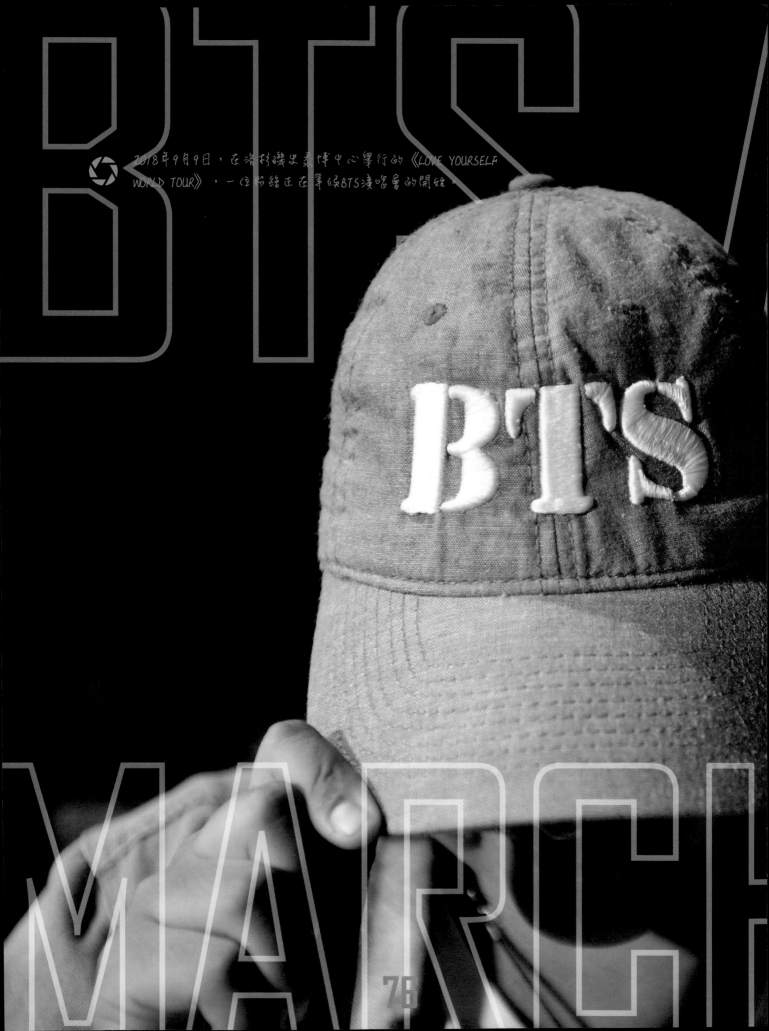

2018年9月9日，在洛杉磯史泰博中心舉行的《LOVE YOURSELF WORLD TOUR》，一位粉絲正在等候BTS演唱會的開始。

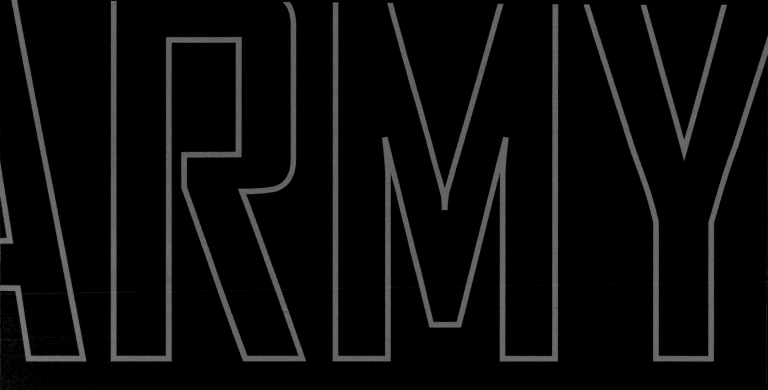

防彈少年團的粉絲們擁有非比尋常的忠誠度。他們組成了一個令人難以置信的團體——縮寫爲「A.R.M.Y（軍隊）」，字面意思是「值得人們景仰的青年代表」，他們被美國知名藝術評論雜誌《禿鷹》描述爲「歷史上最可量化的活躍粉絲。」

ARMY 是由數千萬名忠實的追隨者所組成，而且特別活躍於各式各樣的社群媒體上。他們來自世界各地，毫無保留地相互支持，並且成爲 BTS 最強力的後盾。「卽使有語言的障礙，但是只要音樂響起，無論我們走到哪裡，人們的反應都差不多。」SUGA 說，「感覺就像音樂眞的讓我們的心合而爲一。」

特別値得注意的就是 ARMY 的忠誠度跟動員力，他們可以在每張專輯、每支單曲跟影片的發佈時間，準時動員起來支持 BTS。他們會熱情地參與線上的問卷調查，並且確保 BTS 始終在 Twitter 上維持足夠的聲量。

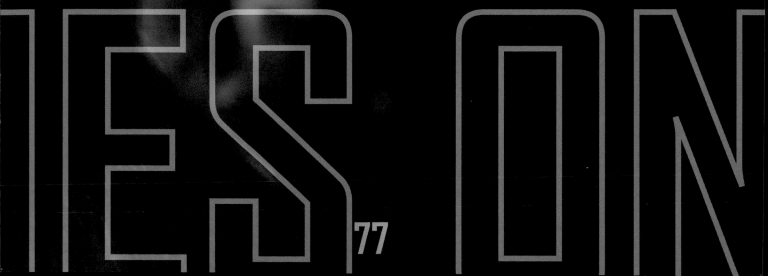

ARMY 的成員們會在演唱會或是電視節目演出之前，就先抵達現場守候長達數個小時，只為了能夠一睹男孩們的風采，並且熱情地蒐集任何跟他們有關的商品。他們還會使用討論區、群聊，以及 Podcast 來分析樂團的歌詞跟影片內容的意義，同時四處搜尋相關的訊息、可能的隱喻，或是不同的文化意涵。他們還會彼此分享關於 BTS 的音樂與歌詞，曾經如何不可思議地將他們從黑暗境遇中拯救出來，並且幫助他們應對生活中的問題與困難。

事實上，正是 ARMY 推動防彈少年團取得驚人的成功，並且贏得 2017 年《告示牌》最佳社群媒體藝人獎，這座獎項讓他們第一次受到全世界的關注。當然，透過購買他們的音樂作品，ARMY 協助他們登上了排行榜的榜首。以表現出來的愛與奉獻而言，他們確實跟 1960 年代的披頭四歌迷旗鼓相當。

BTS 也經常談到他們與 ARMY 之間，總是保持著令人難以置信的連結，即使在 Covid-19 的大流行期間，他們也能找到方法繼續維持彼此的關係，例如透過線上分享的方式播放 BTS 的表演實況。

這個樂團將他們的歌迷描述為：「最熱情、最好的朋友，是我們努力的動機。他們對我們的意義重大。雖然人們說著各種不同的語言，來自不同的國家、不同的種族，但是很榮幸他們都能聆聽並欣賞我們的歌曲，這是驅使我們表演的動力。」

微網誌社群媒體網站 Tumblr 幾乎被 BTS 的粉絲們佔領，他們把 K-Pop 帶到人們眼前，受歡迎的程度幾乎可以跟全盛時期的超強「一世代」團體相比。2018 年 4 月，Tumblr 在他們每週一次的流行粉絲指標排名上，不再把 K-Pop 獨立成為一個單獨的類別，希望能夠更準確地衡量 K-Pop 樂團跟其他英語團體的相對受歡迎程度。在類別合併後的第一周，BTS 仍然佔據排名榜第一名，擊敗了哈利‧斯泰爾斯和碧昂絲。

ARMY 透過不斷購買實體音樂專輯來表達他們的支持，而且通常每個人都會購買一份以上，即使現在線上音樂的銷售已經佔了營收的絕大部分。他們也會支持其他跟 BTS 進行合作的品牌聯名活動，涵蓋從汽車到化妝品的各種產品。

真正的 BTS 鐵粉，連「BTS Universe Story」這個互動式手機遊戲也能樂在其中，遊戲裡包含了各式各樣的音樂影片、短篇小說、書籍，還有一些手機遊戲，讓粉絲透過其中的敘述性故事，感到彼此的心連在一起。

SOCIAL MEDIA

事實上對於 BTS 的知名度提升與宣傳，我們不能低估社群媒體推波助瀾的影響力。正如 RM 在《時代》雜誌的採訪中提到，樂團成功的重要關鍵，在於他們出道的時間點正逢其時。當樂團成立的那一年，Twitter 等社群媒體平台的使用者正在不斷地增加，而類似 V-Live 這一類的網路直播平台也相繼成立。「我們真的很幸運，因為社群媒體變得越來越受到歡迎，」他說，「我們上傳並分享許多的照片、影片跟歌曲——當然現在每個人都這樣做了，但是我認為我們開始得更早，而且非常自然就這樣做了。」

防彈少年團於 2012 年首次開設 Twitter 的官方帳號，以便跟他們的粉絲建立直接的聯繫——這是在他們首次亮相的一年之前。因此，觀眾們早就已經準備好並熱切地等待聆聽他們的音樂。

自從他們推送第一條推文之後，BTS 從來沒有停止與世界各地的粉絲交流。他們對粉絲的態度非常開放，不停與大家分享生活中的種種細節，仔細描述他們創作時的心路歷程，並且強調他們的仁慈與反霸凌訊息，期望粉絲可以產生共鳴與同理心。最重要的是，他們永遠不會忘記答謝粉絲們的支持，感激他們一路以來忠誠的追隨。BTS 在 Twitter 上擁有 2360 萬名粉絲，在 Instagram 上擁有 3000 萬名粉絲。線上投票時更獲得了 3 億人的捧場，確保了他們能夠獲得《告示牌》的獎項。

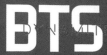

ARMY 們也做出了相對應的回饋，他們完整記錄了所有跟樂團的互動，
包括他們在演唱會上拍攝的照片，還有修改成網路迷因的搞笑圖片。
他們會上傳到粉絲平台上跟大家分享這些來自樂團的資訊。

他們在社群媒體上的聲勢越來越大，到了 2017 年，他們所獲得的總 Like 數
與轉發數甚至超過了當時的美國總統川普跟小賈斯汀的總和。
樂團裡的每一位成員都會跟世界各地的歌迷交流，分享他們日常生活中的大小
新聞，包括一切的小細節。從他們還只是偶像練習生的時候，
他們就定期在 YouTube 的 BANGTAN TV 頻道上經營自己的影片部落格。

BTS 還擁有多項金氏世界紀錄，包括：
整體 Twitter 最活躍紀錄（2018 年 8 月 21 日爲 330,624 次）
在抖音上最快達到 100 萬名粉絲的紀錄
（2019 年 10 月 23 日，3 小時 31 分鐘內達成）
最多現場直播演唱會的觀眾數（756,000 人，2020 年 6 月 14 日）
24 小時內 YouTube 音樂影片觀看次數最多的韓國流行音樂團體
（Dynamite 在 2020 年 8 月 21 日至 22 日創下的紀錄，總觀看次數爲 1.011 億次）

2020 年 2 月，BTS 還打破了一項長期記錄，他們連續 164 週登上《告示牌》
Social 50 排行榜榜首，該排行榜統計了在 Facebook、Twitter、Instagram、
YouTube 和 Wikipedia 上最受歡迎的藝人。這個排行榜會比較每週新增加的朋友
／粉絲／追隨者的數量、藝人的頁面瀏覽量，再加上使用者跟樂團互動的數量，
BTS 擊敗了前任紀錄保持人小賈斯汀，他連續在榜首長達 163 週。

 2017 年 11 月 19 日，在洛杉磯微軟劇院舉行的2017年全美
音樂獎頒獎典禮場外，防彈少年團的粉絡ARMY跟偶像
的相片一起合照。

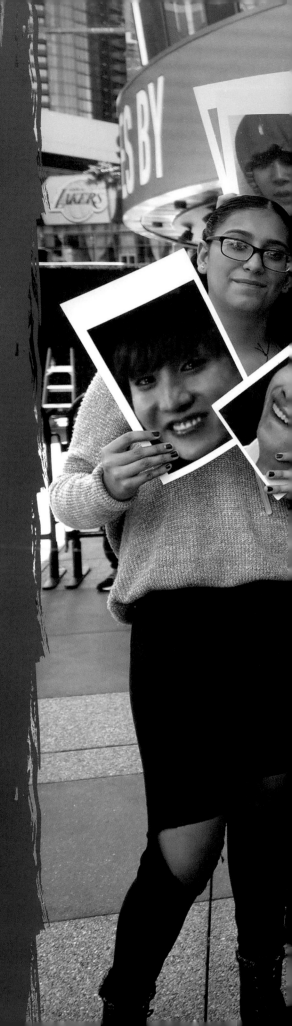

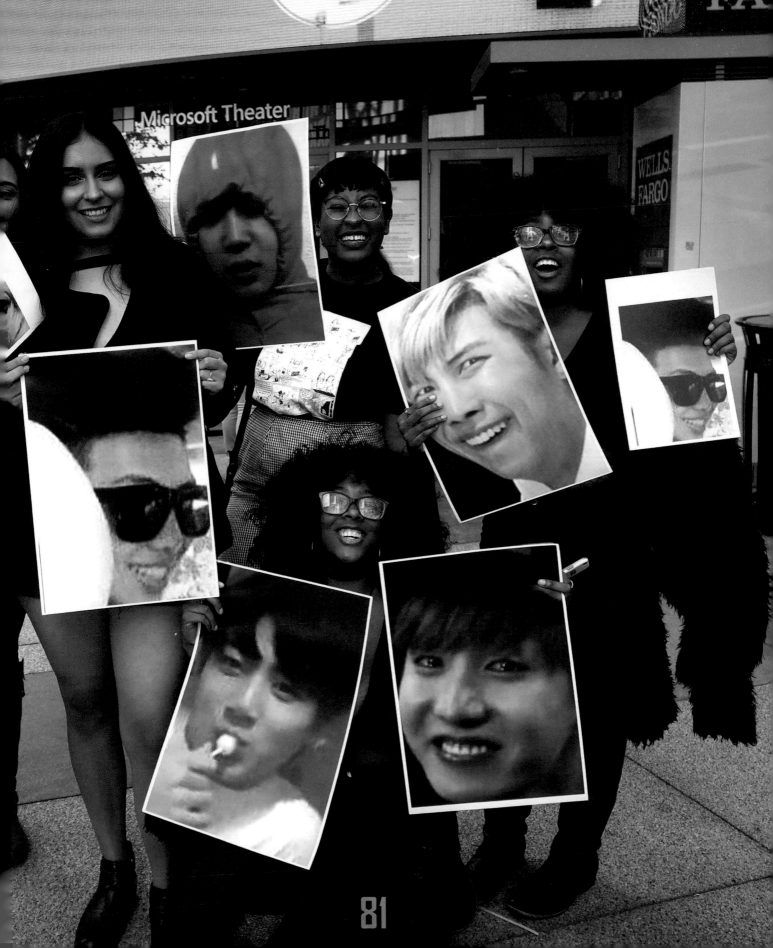

BTS 是全世界穿著最講究的偶像男子樂團之一，他們不管出現在舞台上、音樂影片、照片拍攝，或是個人見面會中，一直以穿著的時尚前衛造型而聞名。

無論是他們前往聯合國大會所穿著搭配的深色西裝，或是爲了參加 Mnet 亞洲音樂大獎頒獎典禮，他們全身穿著由海迪‧斯里曼設計，帶著休閒風的 Celine 時裝，七位明星樂團成員總是穿著完美，在每一個場合都洋溢著獨特的風格。

當他們各自穿著不同的衣服時，男孩們總是會先彼此協調，例如當他們穿著由安東尼‧瓦卡雷洛所設計的性感服飾，參加好萊塢《綜藝》雜誌所舉辦的「熱門歌手早午餐」頒獎典禮時，只有 RM、V 和 Jungkook 穿著黑色服裝，其他人則各自穿著相配的西裝，但是衣服上都鑲嵌著閃閃發光的寶石。

他們在世界巡迴演出時所穿著的舞台服，受到歌迷們一致的推崇與讚譽，由來自法國國際品牌 Dior 的男裝藝術總監 Kim Jones 所設計，以他極具復古未來主義特色的主題創作，將精湛的剪裁與卓越的技術相結合。

「BTS 巡迴演唱服飾主題」的起點，是 Kim Jones 在 2019 早秋大秀所展示的系列產品，以閃亮和反光的布料爲中心，在每位男孩選擇了他最喜歡的造型之後，Kim Jones 再依照他們的特色修改成不同的設計，最後展示了一系列量身訂做的服裝供他們選擇。

RM、SUGA、J-Hope、Jin、V、Jimin 和 Jungkook 都擁有專爲他們個人品味量身定做的時尚前衛造型。

接下來再利用額外的飾品,讓整體外貌再升級,包括 ALYX 的皮帶、鞋扣跟鞋子,還有 Dior 的工業風格手鍊。這樣的搭配非常具有特色!另外還有工裝風格的夾克、包包以及黑色的大型靴子。談到這次的合作,Kim Jones 說:「我很喜歡 BTS,因爲他們的表現真的很棒,而且非常喜歡時尚。他們每個人都有自己的個人品味和風格,而且效果很好。我認識的每個人都爲他們瘋狂!」

男孩們還捐贈了他們超級受到歡迎,在〈Dynamite〉音樂影片中所穿的柔和色彩服裝,用於慈善拍賣的活動,並在 2021 年 1 月籌集了超過 162,000 美元。

毫無疑問,他們在工作時會特意挑選品牌跟造型師,而且似乎總是做出對的選擇。

即使男孩們在私底下休假時,並沒有造型師幫忙他們打點穿著,可是似乎每位成員在台下都以時尚服飾的穿搭風格而享有盛譽。

RM、SUGA、J-Hope、Jin、V、Jimin 和 Jungkook 都有他們自己獨特的穿衣風格,不管是舒適取向還是娛樂取向。

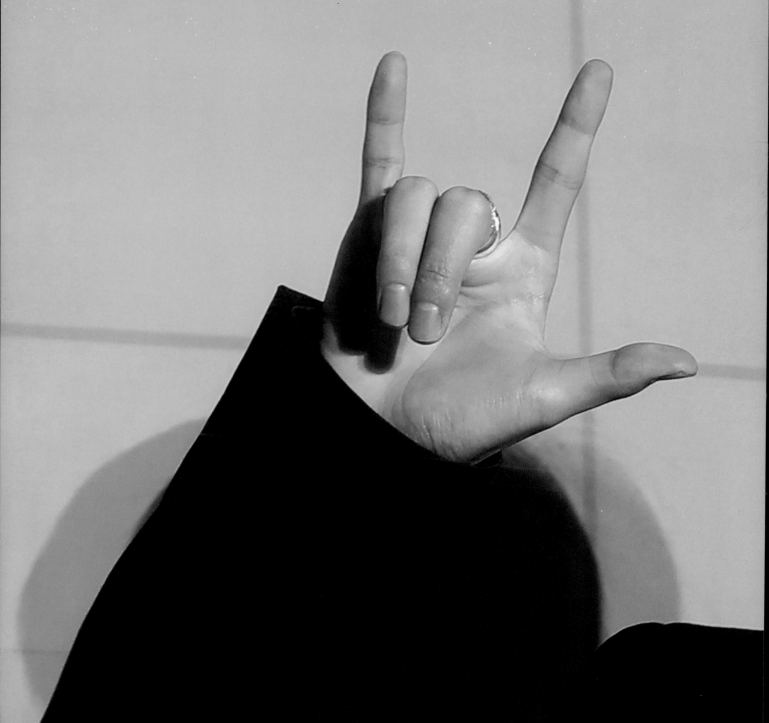

 2019年4月17日，在韓國首爾市中心的東大門設計廣場，舉行新專輯
《Map of the Soul Persona》的新聞發布會。

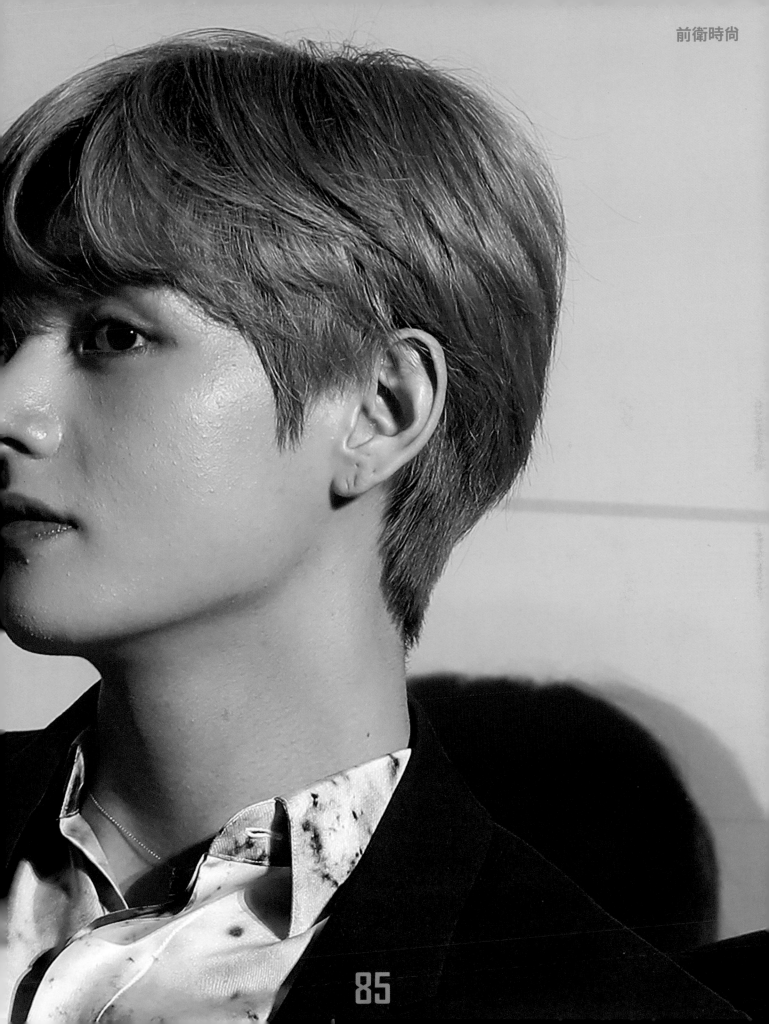

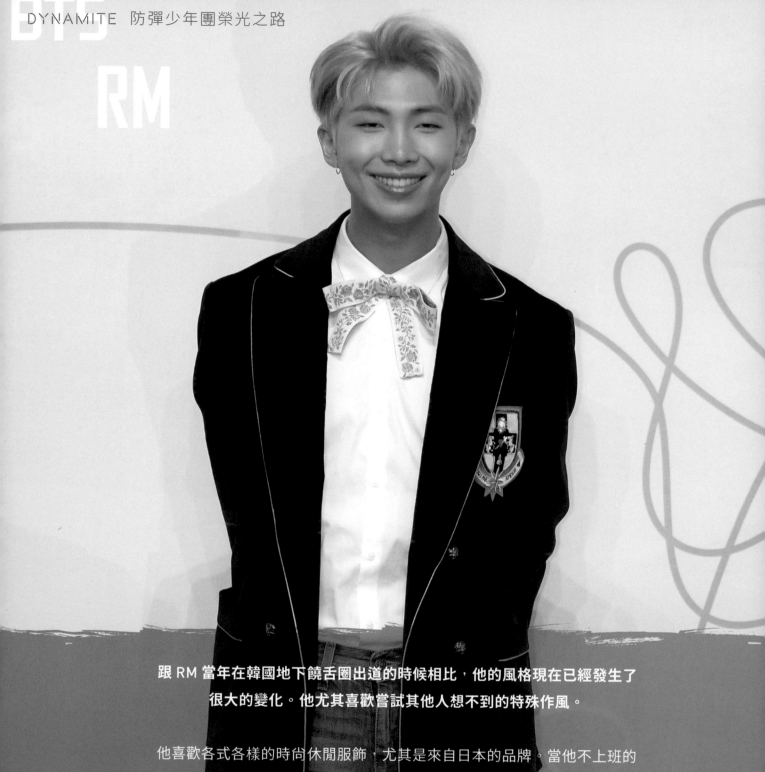

DYNAMITE 防彈少年團榮光之路

RM

跟 RM 當年在韓國地下饒舌圈出道的時候相比,他的風格現在已經發生了
很大的變化。他尤其喜歡嘗試其他人想不到的特殊作風。

他喜歡各式各樣的時尚休閒服飾,尤其是來自日本的品牌。當他不上班的
時候,他也會把外觀打扮得特別引人注目,好幾次他在街上被看到穿著日
本品牌 WTAPS 的亮色商品。另外,他也是「Jort」之王(一種牛仔短褲),
常常被歌迷們發現穿著 Visvim 的牛仔短褲。他比較喜歡穿短褲,
而且會搭配適當的短袖襯衫。

最喜歡的品牌:Yohji、Y-3、WTAPS、Neighbourhood、Visvim

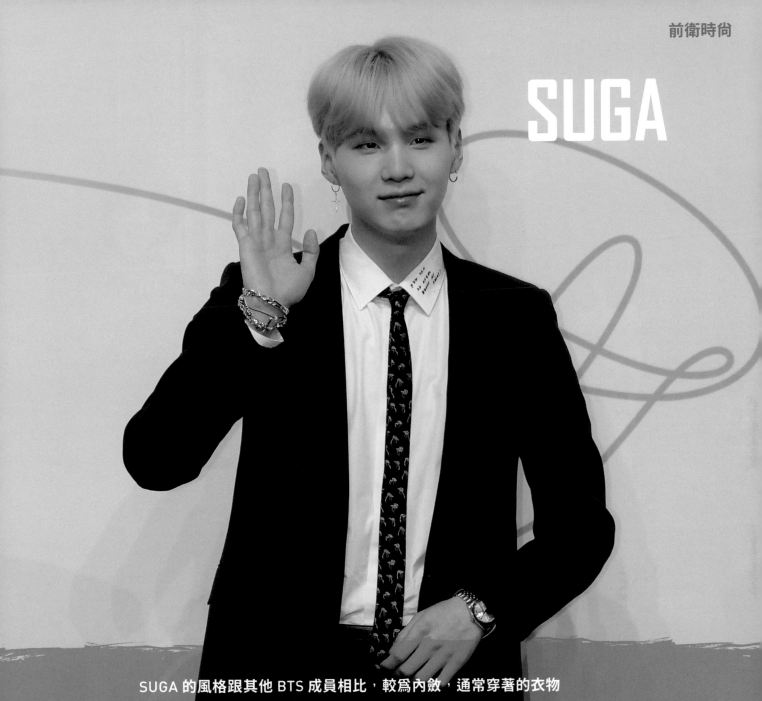

SUGA

SUGA 的風格跟其他 BTS 成員相比，較爲內斂，通常穿著的衣物都是黑色的服飾，偏好的材質是皮革。

他喜歡把這兩種特色合而爲一，例如他常常會穿著一件頂級的皮革夾克
或是大衣，另外再搭配一件純黑色的襯衫跟黑色的粗布牛仔褲。
想到 SUGA 的造型，就會想到深沉柔和的色調加上柔軟舒適的材質。
跟 Jin 一樣，他也偏愛超大號的上衣，而且穿著很保暖的衣服，喜歡戴帽子。
Mastermind Japan 是他最鍾愛的品牌之一，
他會在衣服上搭配來自高級設計師的配件。

最喜歡的品牌：Mastermind Japan、Visvim、Gucci、Balenciaga、Saint Laurent

J-HOPE

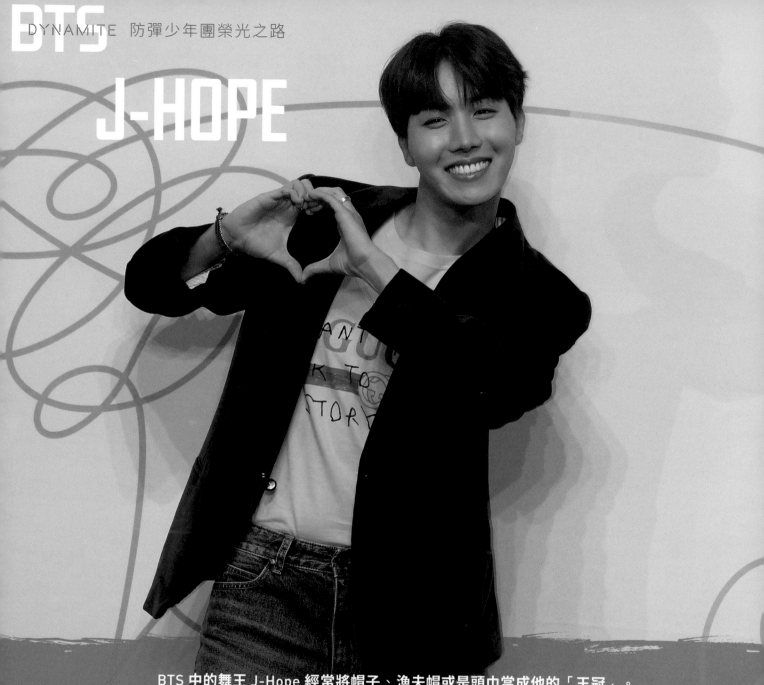

BTS 中的舞王 J-Hope 經常將帽子、漁夫帽或是頭巾當成他的「王冠」。
爲了跟他的個性相匹配，J-Hope 的造型著重在「外顯」，
所以色彩偏向鮮豔且大膽。

時尚休閒服飾是他最喜歡的「下班」造型之一——既可穿著運動，
看起來也時尚。跟他的饒舌歌手朋友 RM 一樣，J-Hope 比較適合
非常規的穿著組合，而且他也喜歡穿各式各樣的短褲。人們經常看到他手裡
拿著一個包包——從時髦的小背包到小錢包，應有盡有。

最喜歡的品牌：Raf Simons、YEEZY、Louis Vuitton、JW Anderson、Off-White

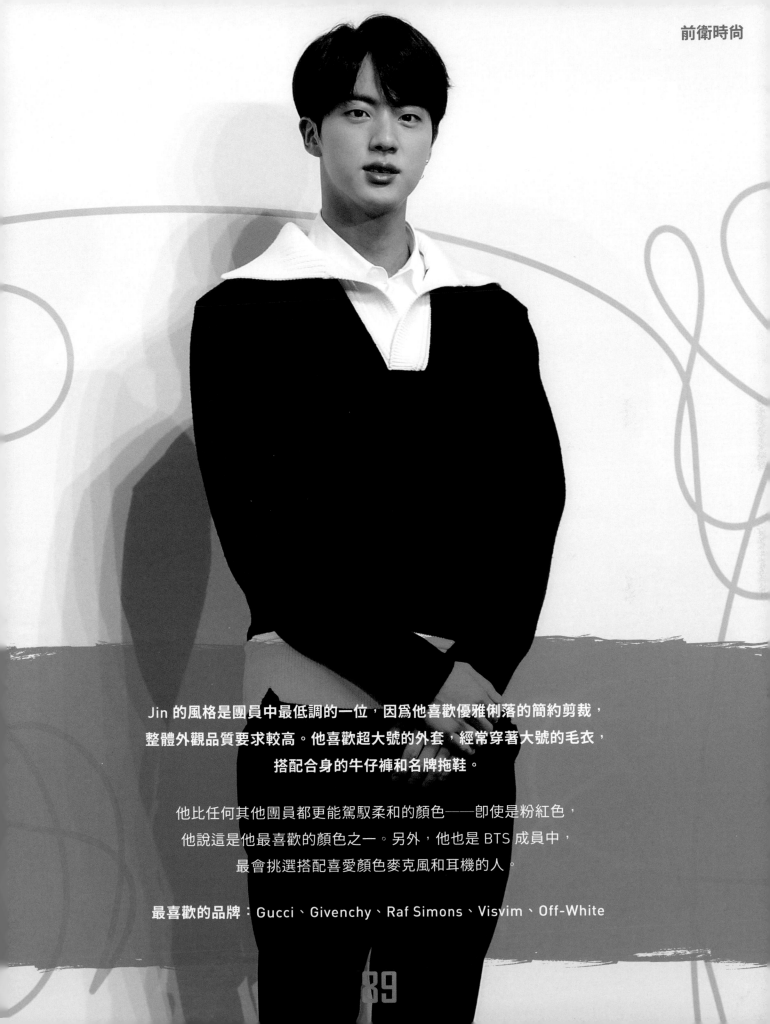

Jin 的風格是團員中最低調的一位，因爲他喜歡優雅俐落的簡約剪裁，
整體外觀品質要求較高。他喜歡超大號的外套，經常穿著大號的毛衣，
搭配合身的牛仔褲和名牌拖鞋。

他比任何其他團員都更能駕馭柔和的顏色——即使是粉紅色，
他說這是他最喜歡的顏色之一。另外，他也是 BTS 成員中，
最會挑選搭配喜愛顏色麥克風和耳機的人。

最喜歡的品牌：Gucci、Givenchy、Raf Simons、Visvim、Off-White

JIMIN

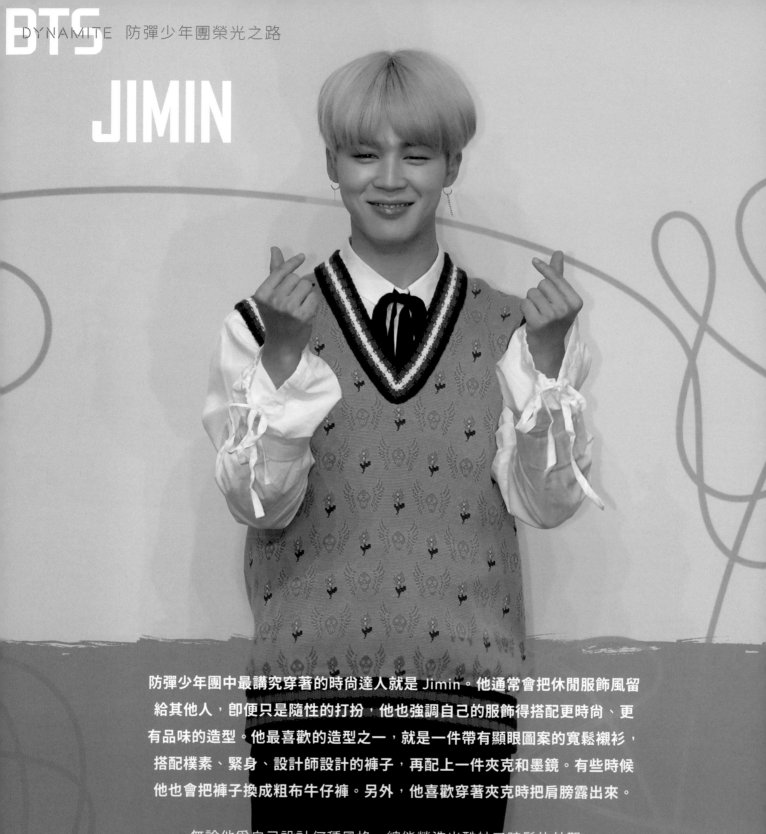

防彈少年團中最講究穿著的時尚達人就是 Jimin。他通常會把休閒服飾風留給其他人，即便只是隨性的打扮，他也強調自己的服飾得搭配更時尚、更有品味的造型。他最喜歡的造型之一，就是一件帶有顯眼圖案的寬鬆襯衫，搭配樸素、緊身、設計師設計的褲子，再配上一件夾克和墨鏡。有些時候他也會把褲子換成粗布牛仔褲。另外，他喜歡穿著夾克時把肩膀露出來。

無論他為自己設計何種風格，總能營造出酷帥又時髦的外觀，通常還會搭配銀戒指跟耳環。

最喜歡的品牌：Raf Simons、Gucci、Prada、JW Anderson、Thom Browne、Balenciaga

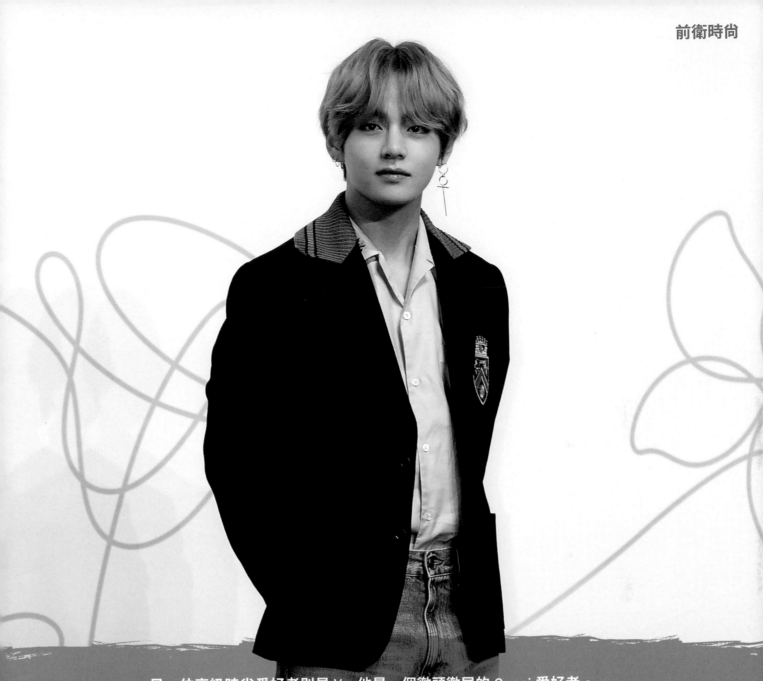

另一位高級時尚愛好者則是 V，他是一個徹頭徹尾的 Gucci 愛好者。

他常常穿著一條寬鬆的褲子到處晃來晃去，上身搭配了一件絲質的鈕扣襯衫，
搭配簡單的珠寶跟皮鞋。有時候會挑選全黑的衣褲，但有時又採用極度大膽的
圖案或顏色，他已經找到了最適合他自己的風格，而且越來越常
以這樣的裝扮出現。他也不會嘗試選擇特殊的搭配，這樣就算出現在時尚雜誌上
也不會顯得格格不入。除了 Gucci 之外，在不需要上班的日子裡，
V 喜歡穿著寬鬆的運動衫跟褲子，並且用中性色調的長外套罩住全身。
戴著兩側不同的耳環可以說是他的獨特風格癖好。

最喜歡的品牌：Gucci、Louis Vuitton、Hermes、Burberry

Jungkook 是 BTS 團員中最年輕的一位，但是這樣的條件並沒有讓他在追
求時尚的動作上有任何遲疑，他依然不斷地想要追上其他
更年長的時尚成員，試圖要在穿著上脫穎而出。

他正從本來鍾愛的白色 T 恤以及 Timberland 靴子的舊造型中蛻變，開始嘗
試一些更能引人目光的造型。他喜歡穿 Gucci 或 Prada 的鈕扣式襯衫，然
後再搭配一件 Calvin Klein 的牛仔褲。WTAPS 和 Visvim 等品牌的衣服，是
他休閒時常常搭配的衣服，他喜歡的穿著風格結合了許多實用性的特色，
而且他也喜歡超大號的連帽襯衫跟小圓便帽。

最喜歡的品牌：Gucci、WTAPS、Calvin Klein、Raf Simons、Monitaly

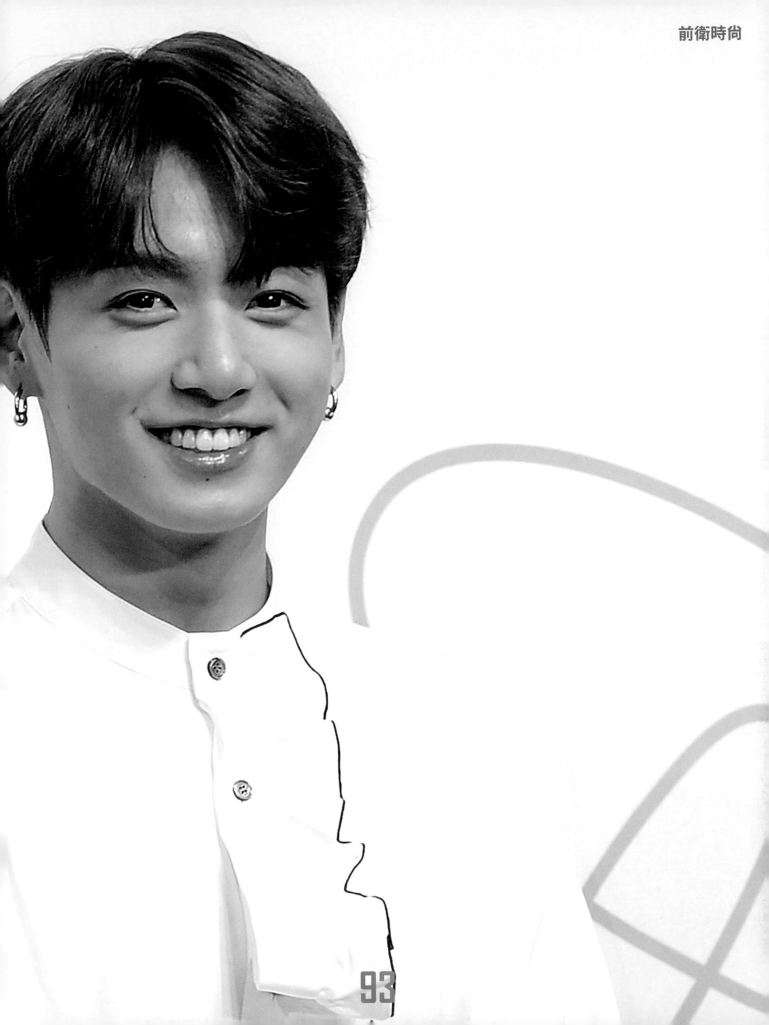

93

DOING

除了傳播愛的訊息之外，防彈少年團更迅速地以行動支持他們的宣言，他們因為積極支持無數慈善機構而聞名於世。另外，BTS 最忠實的 ARMY 粉絲當然也不甘落後。2020 年 6 月，BTS 為了聲援「黑人性命攸關」運動而捐款一百萬美金，同時，BTS 的粉絲們也動員起來，一同聯手贊助 BTS 的捐款活動，比照一樣的數字捐出了 100 萬美元。當呼籲捐款的消息傳到粉絲手上時，社群媒體 Twitter 上就開始流行 #MatchAMillion 的主題標籤，希望可以募集到相同的金額。

光是一開始的 24 小時，募款的數字就已經超過 817,000 美元。捐款活動背後協助推動的粉絲團體「One In An Army」表示，「我們跟黑人 ARMY 站在一起。他們也是我們這個大家庭的重要成員。我們聲援世界各地的黑人。你的聲音值得被大家聽到。」

BTS 的社群媒體追隨者一向以奉獻精神與積極主義而聞名，他們甚至已經成立了一個團體，打算參加線上的抗議活動，以支持「黑人性命攸關」運動。

BTS 早從 2015 年開始，就不斷進行他們的慈善活動，當時曾向韓國的數個慈善機構捐贈了總共 7 噸的白米，他們的善行其實從未停止，尤其是為了支持扶貧性質的慈善機構。此外：

& GIVIN

2016 年時,他們爲促進器官捐贈和捐血的韓國醫療慈善機構 LISA 募款。
2017 年 1 月,BTS 和 Big Hit 娛樂公司向一個慈善機構捐贈超過了 85,000 美元,用來
支持那些在世越號沉沒事故中,多達 300 多個家人不幸喪生的家庭。

同年,防彈少年團正式發起了「Love Myself(愛自己)」運動,他們與聯合國兒童基金
會韓國委員會合作,參與 #ENDviolence(終結暴力)運動,該運動致力於資助多個社
會協助專案,以防止針對兒童和青少年的暴力行爲,並爲暴力受害者提供協助。防彈少
年團的成員們不但自己進行捐款,也根據專輯銷售額的一定比例捐款。僅僅在最初的六
個月,捐款總額就達到了 140 萬美元,此後也一直持續穩定上升。

2018 年 9 月,BTS 宣布支持聯合國所發起的青年議題「Youth 2030」,這個活動的主要
目的是爲了提供年輕人優質的教育與培訓方案(見下頁方框)。防彈少年團被要求支持
這一活動,是因爲他們在 15-25 歲的人群中具有影響力,並且他們透過音樂和社群媒體
訊息,對青年文化產生了公認的影響。

到了 2020 年 1 月,BTS 跟韓國星巴克合作推行「Be the Brightest Stars」活動,該活
動將限量版的飲料、食品和商品的部分利潤,用於協助弱勢青少年的職業和教育發展計
劃。

BTS 在《Love Yourself》世界巡迴演唱會期間，有一組他們使用過的七根麥克風，被拿來作爲葛萊美獎慈善拍賣的其中一項物件，並且創下了整個活動的最高出價，爲葛萊美慈善基金會「音樂關懷」籌集了 83,000 美元。

BTS 的成員們也常常自己（通常是私下）向他們特別感興趣的慈善機構捐款。以下列表只是少數消息曾經流傳出來的捐款項目：

RM 向專門教育聽力障礙兒童的首爾三星學校，捐贈了超過 1 億韓元（相當於 88,000 美元）。

SUGA 向 39 所育幼院和寄養家庭捐贈了牛肉，並且向韓國小兒癌症基金會捐贈了 88,000 美元。

迄今爲止，J-Hope 已向韓國兒童基金會捐贈了約 200,000 美元，以贊助當年他所就讀的那所高中。另外，他還捐贈了 90,000 美元，以支援在 Covid-19 疫情大流行之後家庭遇到經濟困難的兒童。

Jin 是韓國 Honor's Club 的成員之一，這也意味著他每年的捐款總額至少到達 88,000 美元。

Jimin 還透過支付校服費用，贊助他以前就讀的學校釜山湖東小學，並在 2019 年向釜山教育部捐贈了約 88,000 美元，以幫助支持低收入的學生。2020 年 7 月，Jimin 又向全南未來教育基金會捐贈了 88,000 美元，用來爲有才華但經濟困難的學生設立獎助學金。

ARMY 也是一股強大的行善力量，他們定期以團體或個人成員的名義，向各種慈善機構捐款。例如在 Jungkook 生日那天，粉絲們就向包括 We Purple Rain 在內的各種慈善機構捐款，籌集的資金足以在亞馬遜雨林裡再種植 8000 多棵樹。

2018 年 10 月 14 日，作爲韓國總統到法國進行正式訪問的行程之一，防彈少年團在一場舉行於巴黎的韓國文化活動中登台表演。

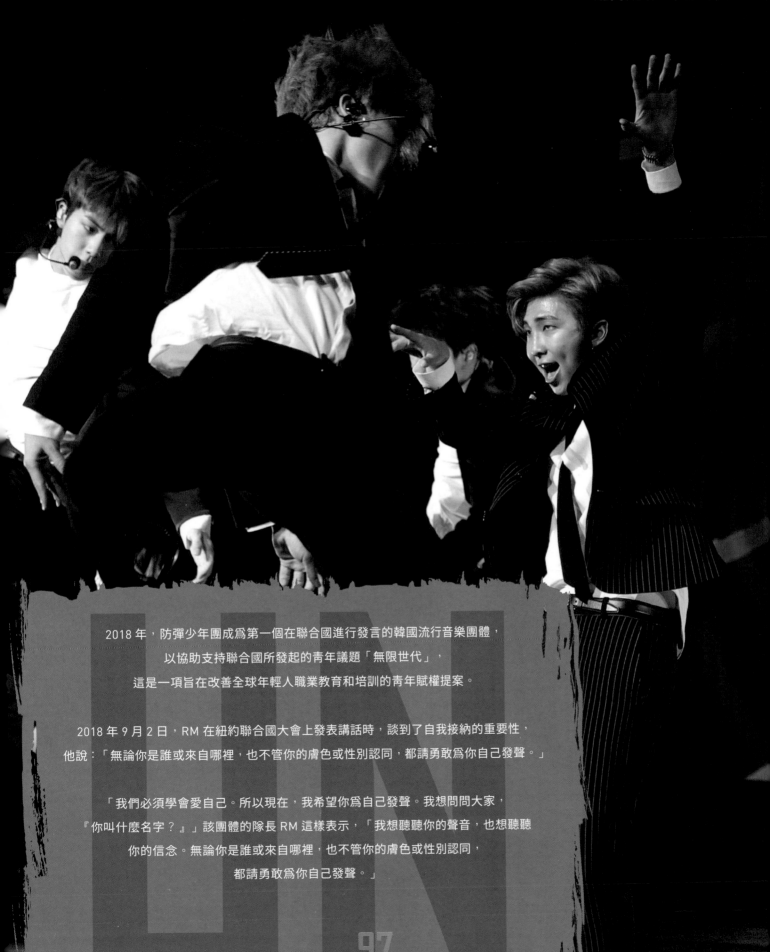

2018 年，防彈少年團成爲第一個在聯合國進行發言的韓國流行音樂團體，
以協助支持聯合國所發起的青年議題「無限世代」，
這是一項旨在改善全球年輕人職業教育和培訓的青年賦權提案。

2018 年 9 月 2 日，RM 在紐約聯合國大會上發表講話時，談到了自我接納的重要性，
他說：「無論你是誰或來自哪裡，也不管你的膚色或性別認同，都請勇敢爲你自己發聲。」

「我們必須學會愛自己。所以現在，我希望你爲自己發聲。我想問問大家，
『你叫什麼名字？』」該團體的隊長 RM 這樣表示，「我想聽聽你的聲音，也想聽聽
你的信念。無論你是誰或來自哪裡，也不管你的膚色或性別認同，
都請勇敢爲你自己發聲。」

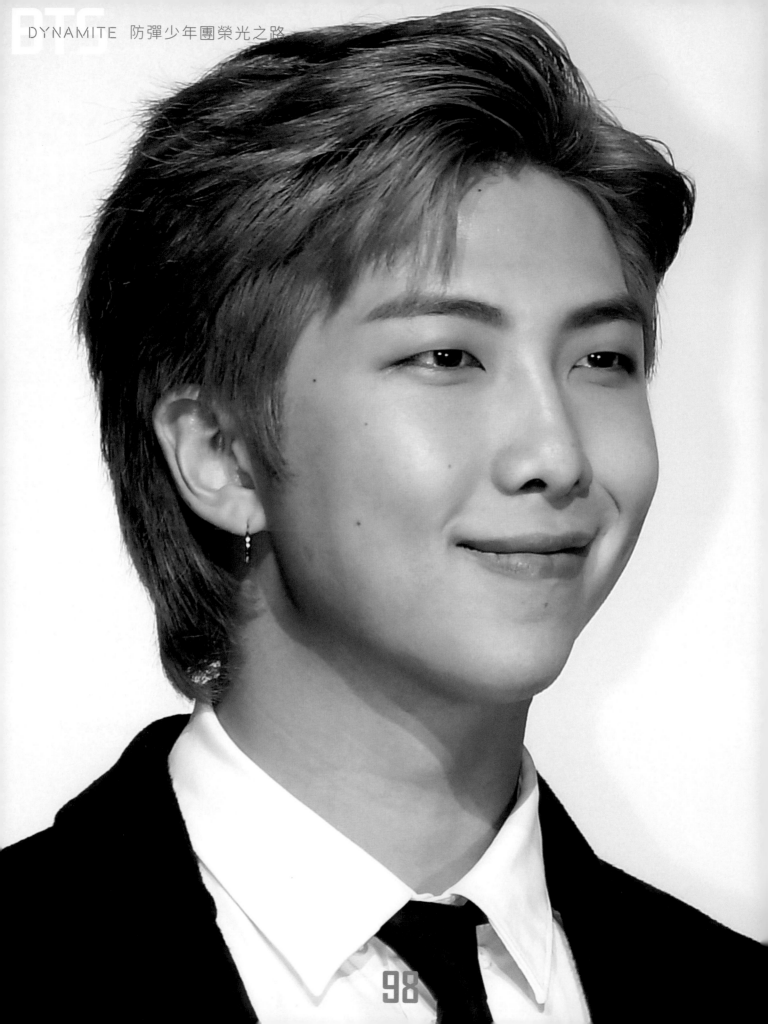

RM 在聯合國的演講全文

我是金南俊，也是BTS的隊長RM。

能夠受邀出席談論關於年輕世代的重要論壇，爲此感到相當榮幸。

從2018年11月開始，防彈少年團與UNICEF攜手將「愛人需從愛自己」作爲信念，

共同策劃＜LOVE MYSELF＞的計劃。同時也與UNICEF共同合作致力於＜END VIOLENCE＞活動，

期望全世界的孩童能免於暴力威脅，而我們的歌迷付出相當大的熱情與實際行動，

順利將這些計畫推動到世界每個角落，我們所擁有的歌迷相當地令人驕傲。

接下來，我想與在座的各位分享自身的故事。

我出生於韓國首爾的市郊，一個名爲《一山》的城市。這座城市擁有河川流經，也有高低起伏的山

丘，每年春暖花開之際更有美麗熱鬧的慶典活動，我在故鄉作爲一個平凡的小男孩長大成人，

時而抬頭仰望星空；時而做著天眞爛漫的夢，小時候我也曾夢想成爲拯救世界的超級英雄。

在我們出道前期的一張專輯＜O!RUL8,2?＞有過這樣一句歌詞「在9歲還是10歲時，

我的心臟早已停止」。現在仔細回想起當時，那個時候剛好是最在乎他人想法的時期，那時的我，

已不再抬頭仰望星空；不再獨立思考，將自己侷限於他人所設下的框架，同時也不再訴說自我，

腦中只充滿他人的聲音。自此之後，沒有人眞正的呼喊過我的名字，我也不曾呼喊過自己，

我的心臟失去跳動，雙眼也不再眞正看見，「我」以及「我們」都失去名字，成爲不具名的幽靈。

但事實上，我有一處避難所，那就是「音樂」。在我內心深處有股微弱的嗓音告訴我：「有我在，

不要擔心，閉上眼仔細聆聽。」但我在花費許多時間後，才能眞正地傾聽音樂呼喊我的名字，

就算當我下定決心成爲防彈少年團出道後，也花了許多的時間才眞正地聽到自己。

或許在座的各位難以想像，其實在我們剛出道時，是相當不被看好的新人組合，

就連我們自己也想過要放棄。但慶幸的是我及我的成員們都沒有放棄，一同走到這裡。

我相信從今以後，無論未來有多少無法預測的考驗等著我們，也依然會繼續走下去。

現在的防彈少年團能夠站上世界級的舞台巡迴演出，擁有百萬唱片銷量的紀錄，

但我還是那個平凡的24歲青年，我能夠擁有這一切，

都是因著在我身邊的成員們以及遍佈全世界的ARMY的喜愛才能得以實踐。

我可能在過往犯下錯誤，但昨天的我也是我，帶著那些錯誤與失誤成就今天的我；

而明天的我也可能因著錯誤得到成長，那也是我。曾有的過錯與失誤成就我的人生，

將我磨成明亮的恆星，因此我決定接納自己、從愛自己開始，

無論是過往的我、現在的我，還是未來的我，每個模樣我都將學著去愛。

最後我想補充一點，在我們發行＜LOVE YOURSELF＞專輯，

並開始＜LOVE MYSELF＞計畫後，能夠聽到來自全世界歌迷的聲音，告訴我們說

「因爲我們所傳遞的訊息，讓他們可以面對人生困境，並開始試著愛自己。」

這些迴響讓我們再次銘記自己的責任。而現在我們將要踏出下一步，

我們已經學會愛自己的方法，現在將要試著訴說自己的聲音。

我想拋出一個問題給各位，你的名字是甚麼？甚麼可以讓你熱血沸騰？甚麼可以使你幸福快樂？

請說出你的故事，無論你是誰、你從何而來、你的膚色爲何、你的性別認同爲何，

我想要傾聽你的故事和你的信念，請大聲的說出來，並找回屬於你的名字以及聲音。

我是金南俊，防彈少年團的RM，來自南韓的歌手，

我與他人無異，在過往也曾犯下許多過錯，也依然害怕未來究竟該怎麼前進，

但我依然會用盡全力的試著接納自己，一點一滴的試著愛我自己。

你的名字是甚麼？

Speak Yourself !

演講文翻譯by莫莉

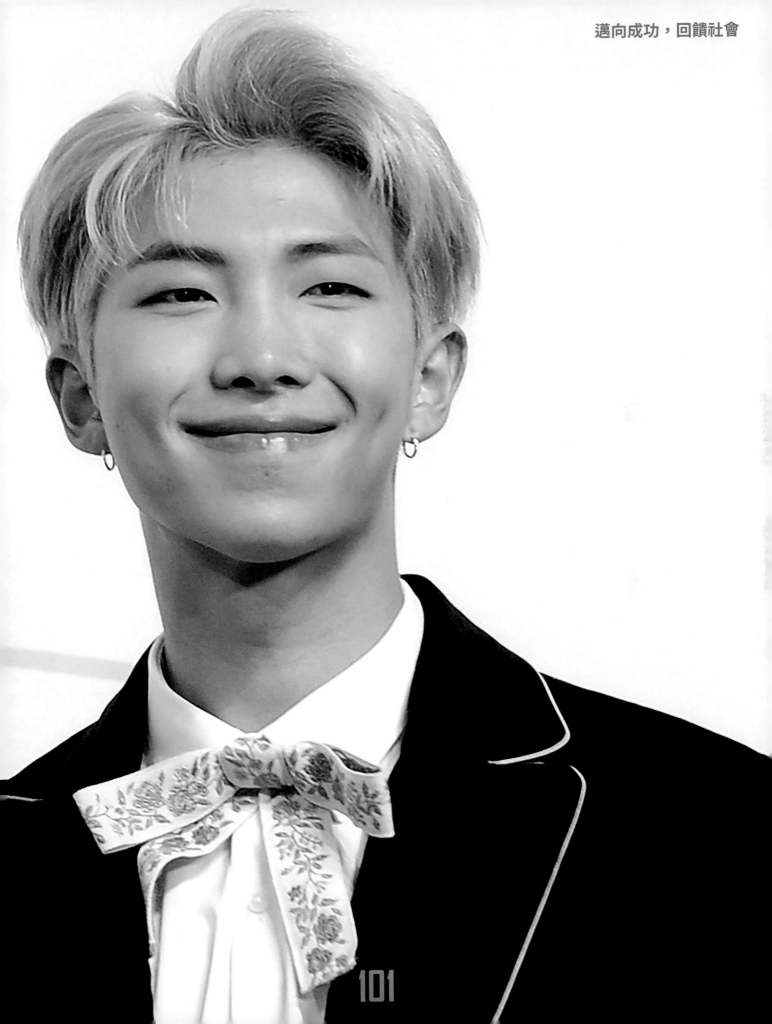

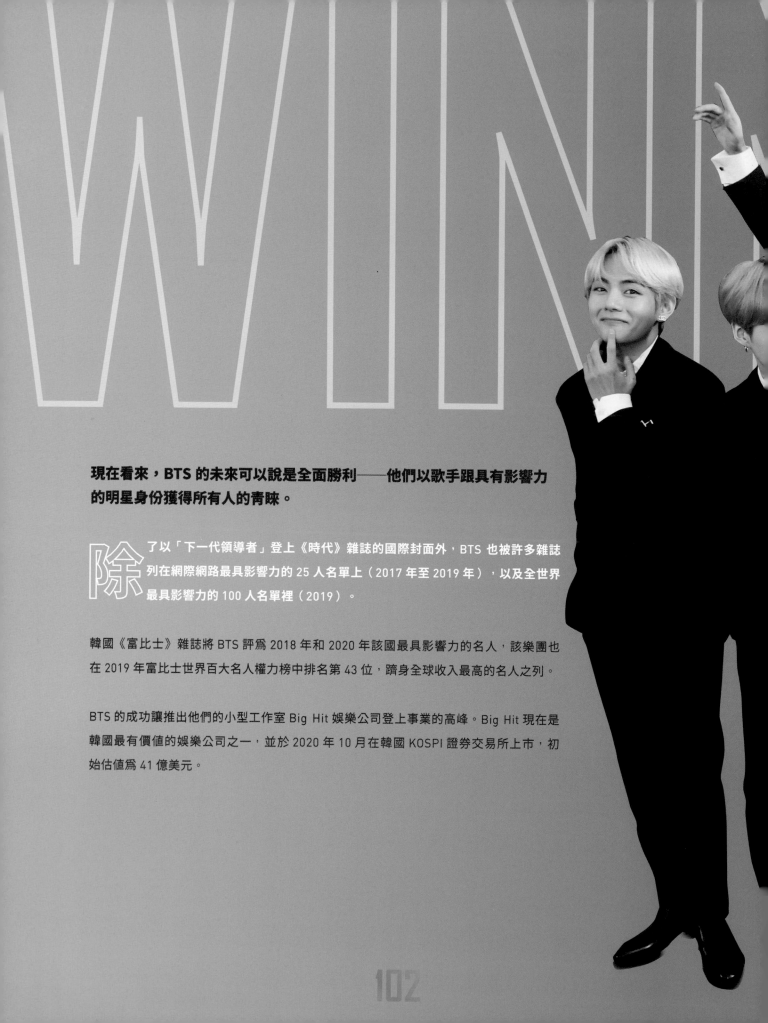

現在看來，BTS 的未來可以說是全面勝利——他們以歌手跟具有影響力
的明星身份獲得所有人的青睞。

除了以「下一代領導者」登上《時代》雜誌的國際封面外，BTS 也被許多雜誌
列在網際網路最具影響力的 25 人名單上（2017 年至 2019 年），以及全世界
最具影響力的 100 人名單裡（2019）。

韓國《富比士》雜誌將 BTS 評為 2018 年和 2020 年該國最具影響力的名人，該樂團也
在 2019 年富比士世界百大名人權力榜中排名第 43 位，躋身全球收入最高的名人之列。

BTS 的成功讓推出他們的小型工作室 Big Hit 娛樂公司登上事業的高峰。Big Hit 現在是
韓國最有價值的娛樂公司之一，並於 2020 年 10 月在韓國 KOSPI 證券交易所上市，初
始估值為 41 億美元。

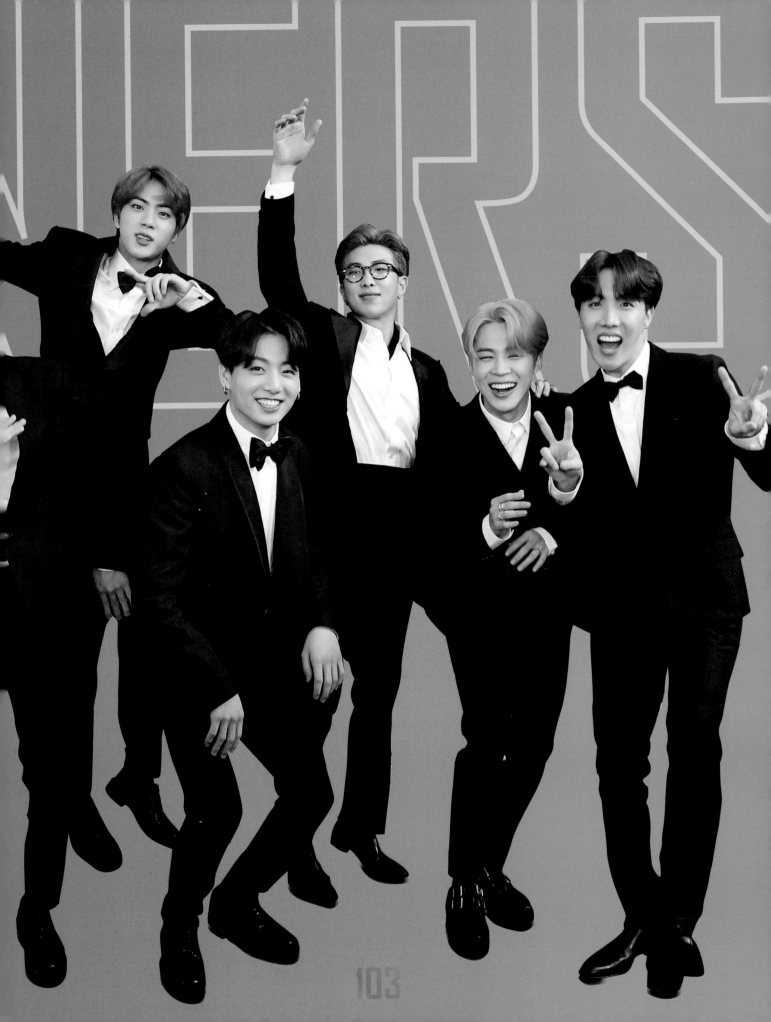

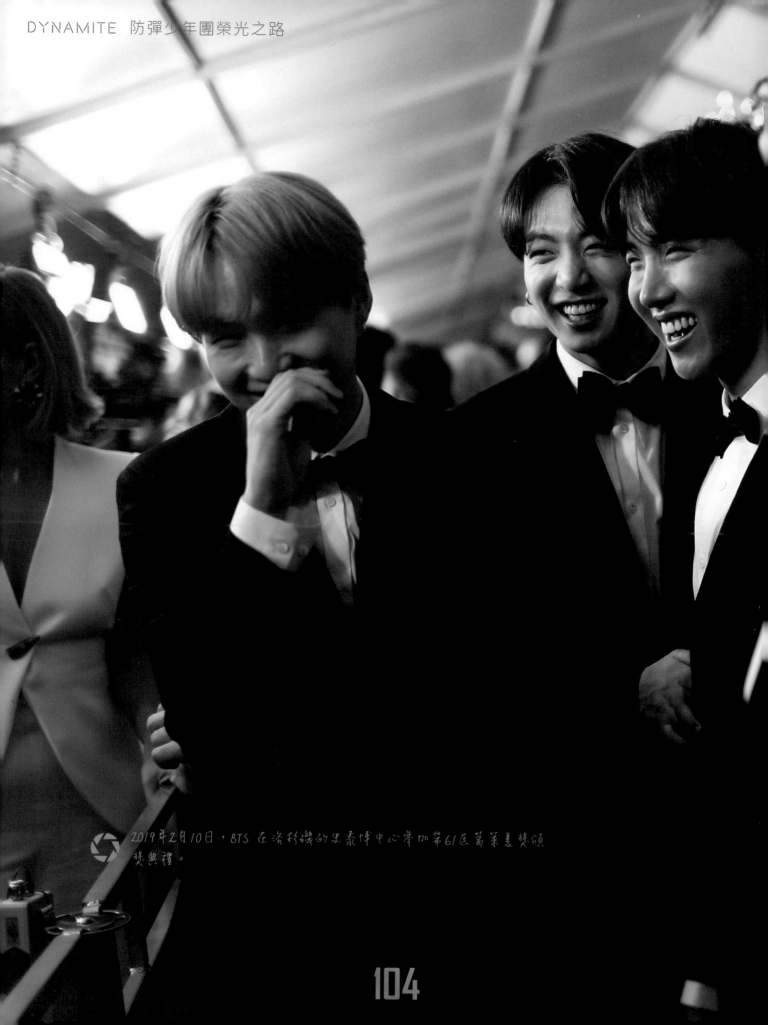

2019年2月10日，BTS 在洛杉磯的史泰博中心參加第61屆葛萊美獎頒獎典禮。

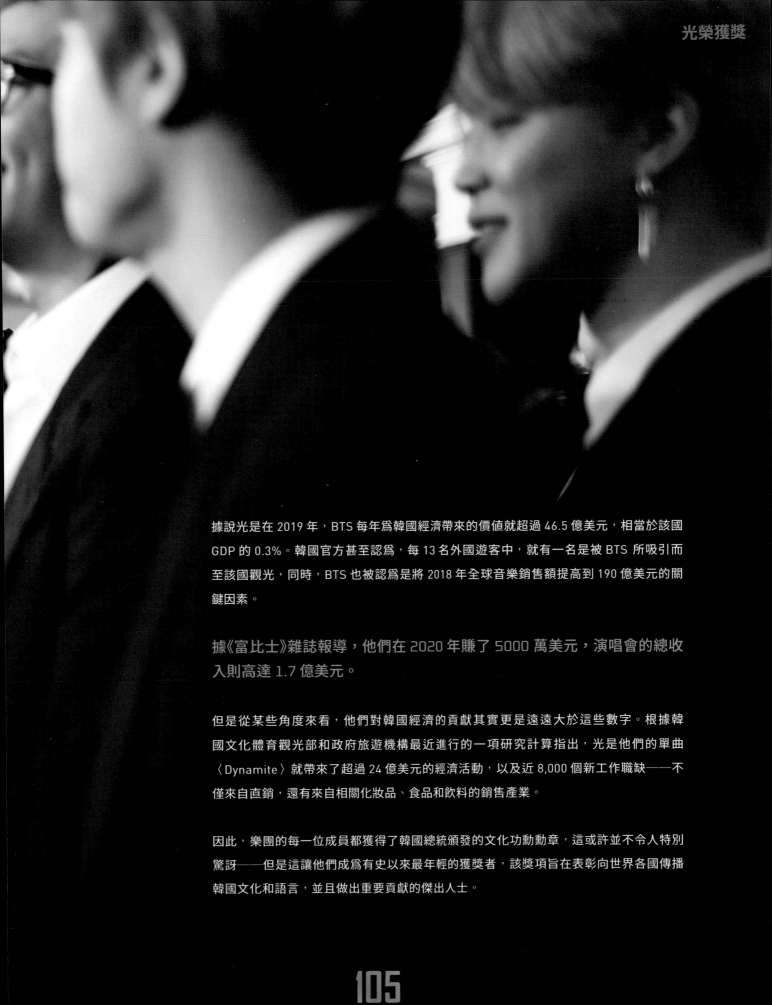

據說光是在 2019 年，BTS 每年爲韓國經濟帶來的價值就超過 46.5 億美元，相當於該國 GDP 的 0.3%。韓國官方甚至認爲，每 13 名外國遊客中，就有一名是被 BTS 所吸引而至該國觀光，同時，BTS 也被認爲是將 2018 年全球音樂銷售額提高到 190 億美元的關鍵因素。

據《富比士》雜誌報導，他們在 2020 年賺了 5000 萬美元，演唱會的總收入則高達 1.7 億美元。

但是從某些角度來看，他們對韓國經濟的貢獻其實更是遠遠大於這些數字。根據韓國文化體育觀光部和政府旅遊機構最近進行的一項研究計算指出，光是他們的單曲〈Dynamite〉就帶來了超過 24 億美元的經濟活動，以及近 8,000 個新工作職缺——不僅來自直銷，還有來自相關化妝品、食品和飲料的銷售產業。

因此，樂團的每一位成員都獲得了韓國總統頒發的文化功勳勳章，這或許並不令人特別驚訝——但是這讓他們成爲有史以來最年輕的獲獎者，該獎項旨在表彰向世界各國傳播韓國文化和語言，並且做出重要貢獻的傑出人士。

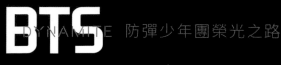

他們的祖國非常尊重這些男孩，甚至修改了法律，免除他們在 30 歲之前必須服兵役的規定。在韓國，所有年齡在 18 至 28 歲之間的健康男子，都必須服兵役兩年。過去只有高知名度的奧運體育明星可以例外，但是現在根據文化部部長的建議，包括流行新星防彈少年團在內的所有藝人，都可以延後他們服兵役的時間。這一改變是因為認可他們對於促進韓國經濟的發展，以及在全世界普及韓國文化的貢獻。

這七位來自韓國的男孩，組成 BTS 這個名聞遐邇的樂團，他們一起工作，打破音樂的壁壘，席捲了包括美國、英國和世界的其他地區。除了才華橫溢和尊重他人之外，他們始終忠於自己。當他們用母語征服世界之後，他們才決定創作一首受歡迎的英語歌曲。

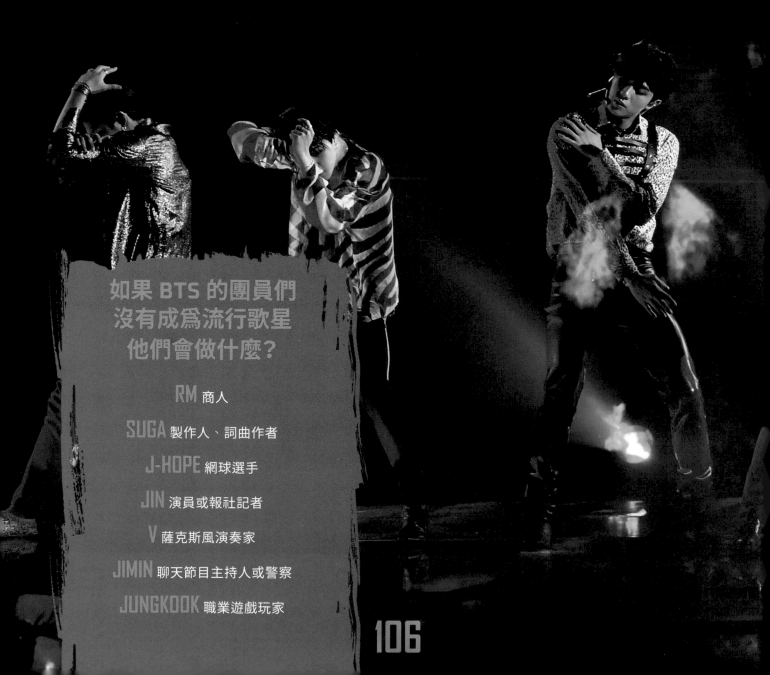

如果 BTS 的團員們
沒有成為流行歌星
他們會做什麼？

RM 商人

SUGA 製作人、詞曲作者

J-HOPE 網球選手

JIN 演員或報社記者

V 薩克斯風演奏家

JIMIN 聊天節目主持人或警察

JUNGKOOK 職業遊戲玩家

防彈少年團的辛勤工作與才華洋溢讓人無法否認。由於不停地練習，他們精準的歌聲和到位的舞蹈動作才能如此完美無缺。男孩們彷彿握有控制創意的能力，讓他們持續編寫與製作出許多自創的歌曲。

但是儘管他們擁有偉大的天賦與驚人的成功，他們仍然心懷謙虛並且感謝粉絲，這一切都大大地增加了他們的吸引力。防彈少年團宣揚愛、理解與和平，爲歌迷們帶來了極大的歡樂，他們簡單地將自己描述爲「熱愛音樂和表演的韓國男孩」。

最後，防彈少年團說，他們希望在人們心中刻畫的印象是：「七位在創作和行動兩方面都眞誠的男孩」。

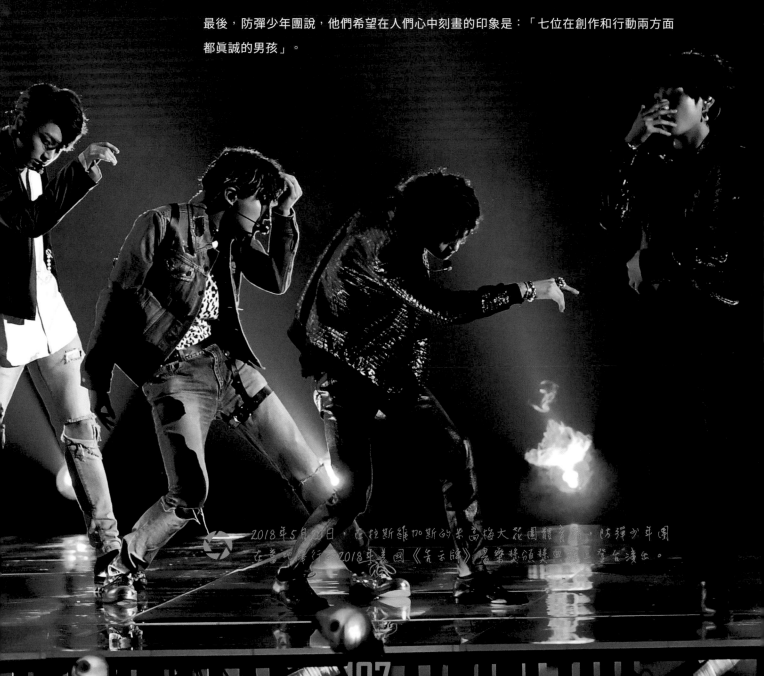

2018年5月20日，在拉斯維加斯的米高梅大花園體育館，防彈少年團在當地舉行的2018年美國《告示牌》音樂獎頒獎典禮上登台演出。

中英詞語對照表

Access Hollywood ········ 《走進好萊塢》
American Music Awards ····· 全美音樂獎
America's Got Talent ···· 《美國達人秀》
Anthony Vaccarello ···· 安東尼‧瓦卡雷洛
Anyang, Gyeonggi-do ······· 京畿道安養市
Ariana Grande········· 亞莉安娜‧格蘭德
Bang Si-hyuk ··············· 房時爀
Barack Obama ········· 巴拉克‧歐巴馬
Beatles ·············· 披頭四樂團
Beyonce ················· 碧昂絲
Billboard·············· 《告示牌》
Billboard 200 Chart
············· 《告示牌》兩百大專輯排行榜
Billboard album chart
··············· 《告示牌》專輯排行榜
Billboard Hot 100 chart
··············· 《告示牌》百大單曲榜
Billboard Music Awards
··········· 《告示牌》音樂獎頒獎典禮
Black Lives Matter movement
··············· 「黑人性命攸關」運動
Blue Square ·············· 藍色廣場
Bohemian Rhapsody ·· 《波西米亞狂想曲》
Bono ··················· 波諾
Britian's Got Talent ······· 《英國達人秀》
Busan Hodong Elementary School
··················· 釜山湖東小學
Capital One ········· 第一資本金融公司
Carpool Karaoke ······· 《車上卡拉 OK》
Charli XCX ············· 酷娃恰莉
Cheongnyangni············· 清涼里
Citi Fields ············· 花旗球場
Dargu Town ················ 大邱
Dave Stewart ········· 大衛‧史都華
Desiigner ··············· 迪贊納
Dongdaemun Design Plaza 東大門設計廣場

E! Entertainment Tonight ··· 《今夜娛樂》
Ed Sheeran ·············· 紅髮艾德
Eminem ················· 阿姆
flinch ··············· 《忍功大挑戰》
Freddie Mercury········ 佛萊迪‧墨裘瑞
Friends ················· 六人行
Funk ·················· 放克
Gaegu ·················· 大邱
Generation Unlimited ········· 無限世代
Geochang County ············ 居昌郡
Geumjeong, Busan ······· 釜山市金井區
Good Morning America ···· 《早安美國》
Good Morning Britian and Lorraine
··················· 《早安英國》
Grammy award ··············· 葛萊美獎
Gwacheon ················· 果川市
Gwangju ·················· 光州
Halsey ················· 海爾希
Harry Styles·········· 哈利‧斯泰爾斯
Hedi Slimane··········· 海迪‧斯里曼
hitmaker's brunch ······· 熱門歌手早午餐
Hwa Yang Yeon Hwa ········· 花樣年華
Ilsan-gu ············· 高陽市一山區
ITV ·············· 英國獨立電視網
James Corden ·········· 詹姆斯‧柯登
Jason Derulo··············· A 咖傑森
Jeonnam Future Education Foundation
·············· 全南未來教育基金會
Jessica Agombar ······· 潔西卡‧阿根巴
Jimmy Fallon ··········· 吉米‧法倫
Jimmy Kimmel Live! ······ 《吉米夜現場》
Juice Wrld ··········· 朱斯‧沃爾德
Jung Hoseok ·············· 鄭號錫
Justin Bieber ··········· 小賈斯汀
Kim Namjoon ·············· 金南俊
Kim Seokjin ·············· 金碩珍

First published in the UK 2021 by Sona Books an imprint of Danann Media Publishing Ltd.

Revised 2022

CAT NO: SON0502

Photography courtesy of
Getty images:

- Jeff Kravitz/FilmMagic
- Chris Polk
- The Chosunilbo JNS/Imazins
- THE FACT/Imazins
- JTBC PLUS/Imazins

- Han Myung-Gu/WireImage
- ilgan Sports/Multi-Bits
- Kevin Winter
- Big Hit Entertainment/AMA2020
- YOAN VALAT/AFP

- Rich Fury
- Kevin Winter/AMA2017
- Kevin Mazur/WireImage
- Chelsea Guglielmino
- Chris Polk/AMA2017

- C Flanigan
- ROBYN BECK/AFP
- The Chosunilbo JNS/Imazins
- THE FACT/Imazins
- YOAN VALAT/AFP

Yonhap/Newcom/Alamy Live News
Other images Wiki Commons

Book layout & design Darren Grice at Ctrl-d
Editor Tom O'Neill

TITLE

BTS　DYNAMITE 防彈少年團榮光之路

STAFF

出版	三悅文化圖書事業有限公司
作者	卡洛琳‧麥克休（Carolyn McHugh）
譯者	曾慧敏
總編輯	郭湘齡
文字編輯	張聿雯
美術編輯	許菩真
排版	許菩真
製版	明宏彩色照相製版有限公司
印刷	桂林彩色印刷股份有限公司
法律顧問	立勤國際法律事務所　黃沛聲律師
戶名	瑞昇文化事業股份有限公司
劃撥帳號	19598343
地址	新北市中和區景平路464巷2弄1-4號
電話	(02)2945-3191
傳真	(02)2945-3190
網址	www.rising-books.com.tw
Mail	deepblue@rising-books.com.tw
初版日期	2022年6月
定價	480元

國家圖書館出版品預行編目資料

BTS DYNAMITE防彈少年團榮光之路
/卡洛琳.麥克休(Carolyn McHugh)作；
曾慧敏譯. -- 初版.
新北市：三悅文化圖書事業有限公司,
2022.06
112面；21 x 27公分
譯自: BTS Dynamite @the story of the
superstars of K-pop
ISBN 978-626-95514-3-9(平裝)

1.CST: 歌星 2.CST: 流行音樂 3.CST: 韓國

913.6032   111006912

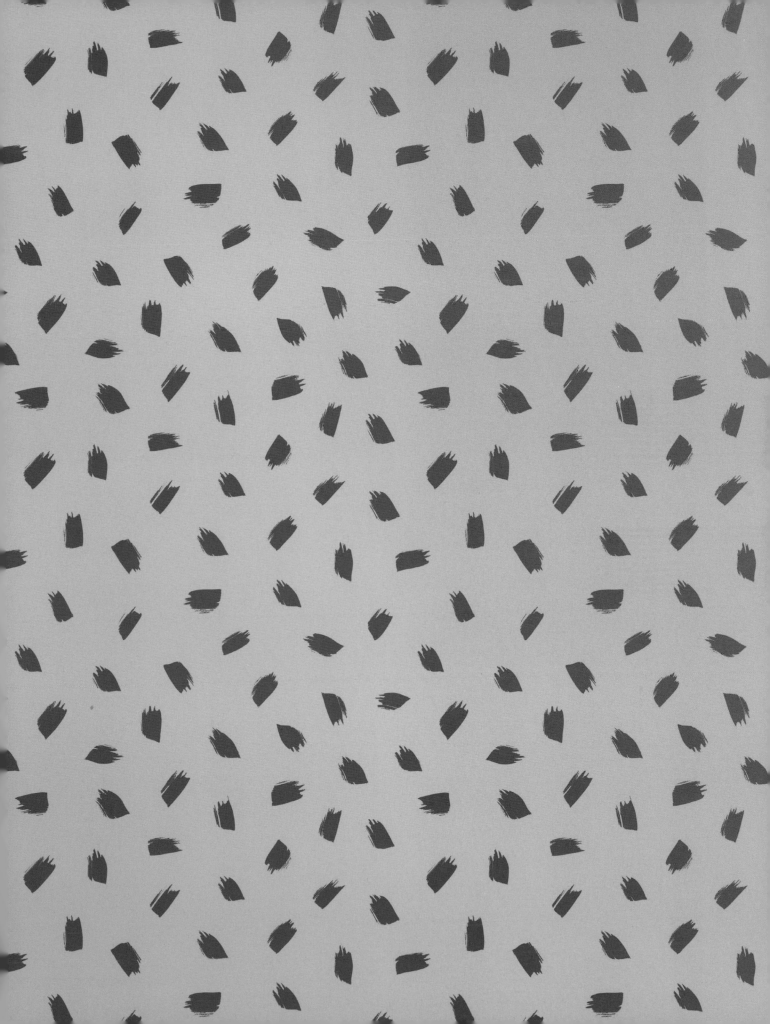